Asset Management

学校では教えない!

お金を増やす授業

「金持ち生活」をつくる
資産運用の勘どころ

佐々木裕平
Yuhei Sasaki

ぱる出版

はじめに

「ムラホ！」

これは、ルワンダ共和国という国の言葉で「こんにちは」という意味だよ。

こんにちは。はじめまして、ボクの名前は「ささき　ゆうへい」だよ。

ボクのお仕事は、お金のお話をすることなんだ。1級ファイナンシャルプランニング技能士という資格を持っているよ。

そんなボクだけど、残念ながらルワンダ語がちっとも話せないんだ。だから「ムラホ」が「こんにちは」っていうことも、調べるまで知らなかったよ。

たぶん、君もしゃべれないと思うし、君のお父さんやお母さんもしゃべることができないと思うよ。でもそれは、どうしてかな？

答えは簡単、「ルワンダ語をきちんと学ぶ機会がなかったから」。だからしゃべれない。当然だよね。

でも、ルワンダという国へ行けば、大人はもちろん、こどもでもルワンダ語が話せ

知らないと「大人でもできない」けど、
知っていれば「こどもでもできる」ことって
なーんだ？
それは「お金の増やし方」だよ。
さあ、いっしょにお金のことを学ぼう。

るよね。

そう、知っていれば誰でもできるけど、知らなかったら、大人でもできないことが世の中にはたくさんあるんだ。

じつはお金のことでも同じことが言えるんだよ。意外かもしれないけれど、大人でもお金のことが、よく分かっていない人がたくさんいるんだ。なぜだろう？ それは「お金のことをきちんと学ぶことがなかったから」。だからあんまり知らないんだね。

そのため、大人になっても、お金のことで間違った考え方をしたりすることがよくあるんだ。その結果として、本来はもっと楽しい生活が送れたかもしれないのに、少し残念な結果になることもあるよ。

そこで、この本は、小さなこどもでも、大きなこどもでも楽しく読めるように、学校では教えてくれない大切なお金のお話を分かりやすく書いたよ。

お金がないと、自分が困ったり、困っている人を助けたりすることが難しくなることがあるんだ。でも、お金に詳しくなると、君も幸せになるけど、周りの人も幸せになりやすくなるんだよ。そして、お金はたくさんあっても困ることはないよ。

ぜひ、この本を読んでお金に詳しくなってください。

学校では教えない!

お金を増やす授業

contents

1 時間目

知らないから貯まらない「自分とお金の習性」

★一生お金に困らない人たちは、この基本姿勢ができている

2 時間目

お金という「オバケ」の正体をつかむ

★実態をつかめば、何をすべきかわかってくる

3 時間目

案外、勘違いして覚えてしまいがちなこと

★新米投資家がつい、手を出してしまう投機的バクチにご用心

4時間目

投資で失敗しないための基本ルール

★わかっていても、投資でやってしまう損すること

5 時間目

「リスク」と「リターン」が勝敗を分ける

★この基本を知らないことで、失敗している人が大半

6時間目

成功している人がやっている「お金を増やす習慣」

★プロの平均点に投資する⁉ 合理的な投資方法

カバーデザイン▼EBranch 冨澤 崇
イラスト▼堀江 篤志
図版制作▼原 一孝
本文レイアウト▼Bird's Eye

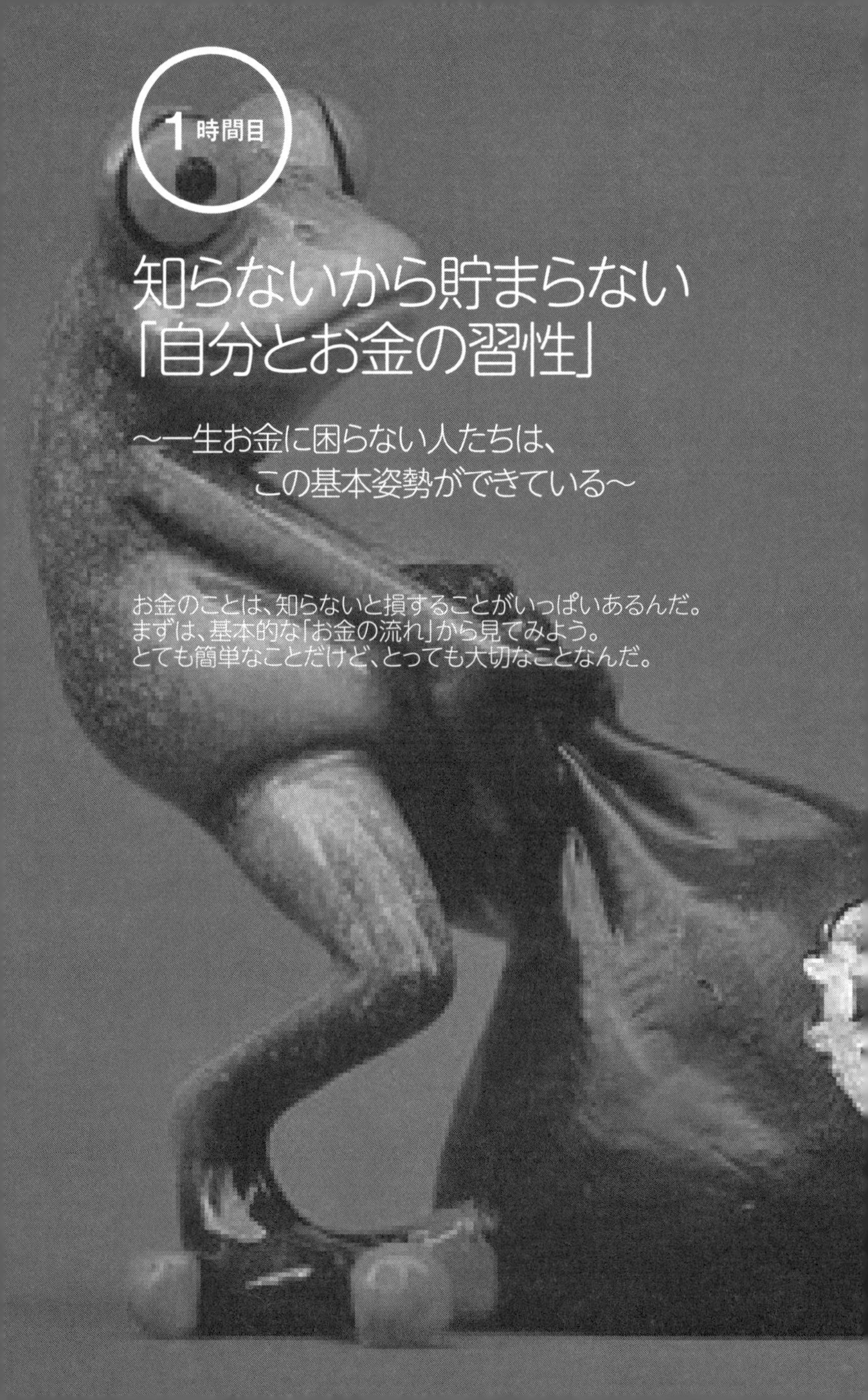

1 時間目

知らないから貯まらない「自分とお金の習性」

～一生お金に困らない人たちは、
この基本姿勢ができている～

お金のことは、知らないと損することがいっぱいあるんだ。
まずは、基本的な「お金の流れ」から見てみよう。
とても簡単なことだけど、とっても大切なことなんだ。

Q 気がつくと、いつもお金がなくなっちゃうんだけど？

01

がんばってもお金を貯められないのが「普通」

君はスポーツや勉強に全力で取り組むタイプかもしれないね。

でも、君のお金を考えるときは、お金に「余裕」を持たせてほしいんだ。

なぜなら、毎月全力でお金を使っていると、貯金をしたり、お金を働かせたりすることができなくなってしまうからなんだ。

お金を上手《じょうず》に使ったり、増やしたりするコツは、余裕を把握《はあく》することだよ。

★一生、お金に困らない方法

君は毎月おこづかいをいくらもらっているかな？

おうちによって、おこづかいの金額は違うけど、それはそれで構わないよ。

大切なのは、君の「余裕資金がいくらなのか？」を把握することなんだ。

余裕資金というのは、余っているお金のことだよ。

「余裕資金＝おこづかい（収入）－ふだん使うお金（支出）」

こんなふうに、いつも使うお金から余るお金がいくらなのか知っておこう。

そして、余るお金がなかったら、ふだん使うお金を少し減らすようにするんだ。これが大切だよ。

なぜお金を余らせないといけないかというと、お金というのは、急に必要になることがあるんだ。例えば、病気になったらお金がかかるし、結婚などのうれしいときにもお金が必要なんだ。でも、そのときにお金がないと、とっても困ってしまう。

だから、いまは必要ないんだけど、将来のためにお金を毎月少しずつ余らせて、貯めることが大切なんだね。

お金の果実を実らせるには、
まず、お金のタネをまいて、
水をやり、
陽光を浴びさせ、
花を咲かせ、
あわてず、
ゆっくりと育てる。

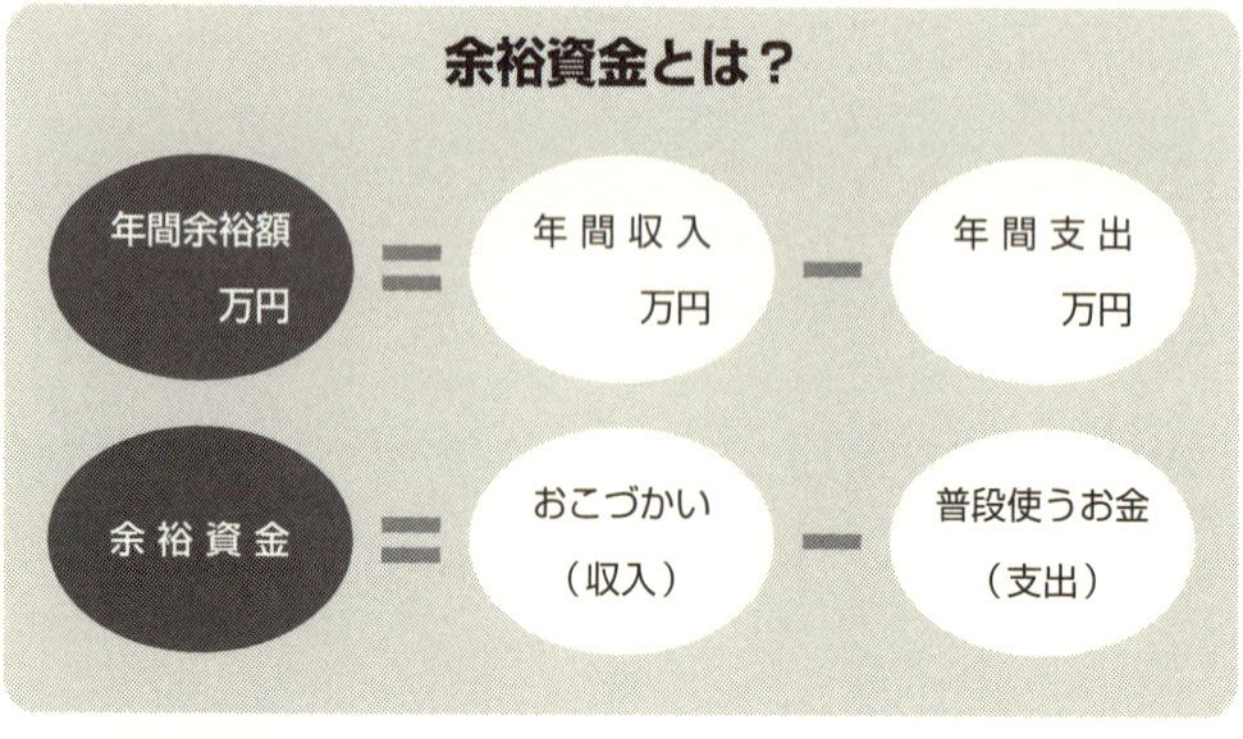

もらったお金は使う前に、まず貯金。「お金のタネ」をつくっていく生活習慣をつくろう。

「こづかい」をもらったら、まず貯金する

あとでためる	使って貯める	月平均2万円	40年後60歳時960万円程度	資産が少ない なかなか貯まらない
さきにためる	積み立て貯金	月平均4万円	40年後60歳時1,920万円程度	使い切ったら終了

02

普通は貯められない。だから、「使う前に、貯める」

お金を貯めておくと、良いことがいっぱいあるよ。

そして、お金をきちんと貯める方法はとってもカンタン、それは「使う前に、貯める」こと。

とってもカンタンだけど、これが大事なんだ。

だって、先に貯めておけば、絶対に貯めることができるからね。

大人でも、これができていない人はいっぱいいるよ。

★「使う前に、貯める」だけで増えていく

君はおこづかいをもらったら、何を考えているかな?

「あれを買おう、これを買おう」

と考えているかもしれないね。それはべつに悪いことではないよ。

でも先に買うことばかりを考えていると、どうしても後でお金がなくなってしまうんだよ。これは大人になってもずっと変わらないことなんだ。だから、大人でもお金がない人はたくさんいるんだよ。

でもその一方で、きちんとお金を貯められている人もいるよ。その差はなんだろう?

それはじつは、とても簡単なことなんだ。きちんとお金を貯めることができる人は「先に貯める」ということができている人なんだ。

具体的に言うと、銀行で積立《つみたて》預金(お給料が出たら自動的に貯金する)という仕組みを使っているんだ。たったこれだけの違いだよ。

これだけでお金が自動的に貯まっていくよ。

ウソみたいだけど、ホントの話、覚えておいてね。

Q お金を貯めていれば、お金持ちになれるよね？

03

今は貯めているだけでは増えない。新しい「増やし方」を学ぼう

むかしから、お金を銀行に預けるのはとても大切なことなんだ。
それは、預けておくと、お金が減る心配もないし、少しずつ増えていくからだよ。
でも、いまは銀行に預けてもあんまり増えないんだ。
だから、少し「考え方」と「増やし方」を変えないといけないかもしれないよ。

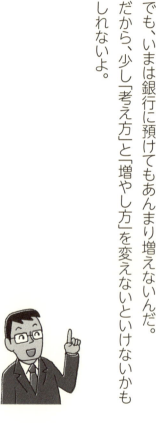

★貯めるだけでは100年たっても増えない

君のお父さんやお母さんがこどものときには、銀行にお金を預けていると、けっこう速いペースでお金が増えていったんだ。

なぜかというと銀行にお金を預けていると、銀行が「預けてくれてありがとう」って、お礼にお金をくれる仕組みだからだよ。

だから仮に100円を銀行に預けておくと、早いときには12年くらいで2倍の200円に増えていたこともあるんだ。すごいよね。

じゃあいま（2018年時点）、君が銀行に100円を預けたら何年くらいで2倍の200円に増えるかな？

「12年？」うううん、もっと長いよ。「じゃあ、20年？」うううん、じつは、いまはお金が2倍になるまでに7200年かかることになるんだ。とても長い時間だよね。

つまり、いまは銀行にお金を預けていても、それだけではお金をとても増やしにくい時代になった、ということだよ。だから「預ける」以外の方法も考えないといけない、とボクは思うんだけど、君はどう思うかな？

少しずつでも、お金を貯めるのは
いいけど、時間がかかるから
「お金のタネ」を大きく育てる方法を
考えよう。

貯金だけではお金は増えにくい

昔	金利が6％で複利で増えていくと ⬇ 12年くらいでお金が2倍に増えた
今	金利が0.01％で複利で増やしても ⬇ 7,200年くらいたたないとお金が2倍に増えない

お金をどう効率よく働かせるか、
その方法を考え、実践するのが、
「投資・資産運用」。

04

じつはお金も働ける。お金にお金を稼いでもらおう

君がひとりだけで働いてお金を稼《かせ》ぐのはけっこう大変なんだ。
だから、君が大人になったら、お金にも働いてもらうことを真《しん》剣《けん》に考えてほしいんだ。
上手にお金に働いてもらうことができれば、君が少し楽になるかもしれないよ。
こんなふうに、お金にも働いてもらうことを「資産運用」とか「投資」っていうよ。

★君と君のお金、２人で働けばお金は増えやすい

いまの君の生活では、お父さんやお母さんがお金を稼いできてくれるね。でも君が大きくなったら君が使うお金は、全部君が稼いだり管理をしたりしなくてはいけないんだ。

例えば、君が大人になって、会社で働いたとするよ。そうすると、お給料が毎月もらえるんだ。そして、できればそのお給料の一部を、毎月、積み立てて貯金に回してあげてね。そうするとお金が自動的に貯まっていくんだ。

そして、むかしは預けておけばお金が増えたけど、いまはあんまり増えないんだ。だからお金にも働いてもらうことを考えてみてほしいんだ。

お金に働いてもらうことを、資産運用や投資っていうんだ。

投資が上手にできれば、君のお金が世界中の国や会社で働いてくれて、お金を稼いでくれるよ。そうすると、少し君の生活が豊かになるよ。これは世の中のためにもなるんだ。このように君が働くだけでなく、君が稼いだお金にも働いてもらう、という考え方を頭の中に入れておいてほしいんだ。

Q お金を働かせるには、どうしたらいいの？

05

お金を働かせる方法は、学校の宿題をするよりカンタン

君が大人になったら、余裕資金を働かせてほしい。
お金は世界中の会社で働くことができるんだ。
その方法は意外とカンタン。
会社の株《かぶ》というものを買うだけでいいんだ。
そうすると、会社は君のお金で人を雇ったり、商品を作ったり、
それを売ったりしてお金を大きくしていくよ。
順調にいけばお金が大きくなる可能性があるんだ。

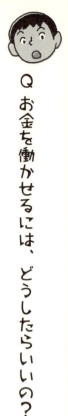

★君のお金はすぐにでも世界中で働ける

毎月余裕資金ができるようになると、お金がだんだん貯まっていくよね。

でも、この貯まったお金を、ただ置いておくのはちょっともったいない。そこで、お金を働かせることを考えてみよう。

お金の働かせ方は、割と簡単なんだ。

例えば、くるま屋さんや、パン屋さん、スーパーなどに、君の余裕資金を働かせることができるよ。そうすると、くるま屋さんなどは、君のお金を使って、たくさんくるまを作ることができるんだ。

それで、くるま屋さんのお金が増えたら、君にお礼として少しお金をくれることがあるんだ。でも、くるま屋さんの作ったくるまが人気がなくって、あまり売れないと、君の出したお金が減ることもあるよ。

だから、お金を働かせる場所は、慎重に判断しようね。

こんなふうなお金の働かせ方のことを「株式《かぶしき》投資」っていうよ。

06

どこに投資をしても、損をする可能性は必ず「ある」

「投資」をすると、お金が増えることもあれば、減ることもあるよ。

せっかく君が苦労して稼いだお金が減ってしまうなんて、とっても悲しいよね。

できれば誰かに守ってもらいたい、って思う。

でも、大人になると、誰も君のお金は守ってくれないんだ。

君が投資で失敗しても、それは全部「君のせい」なんだ。

とても怖いよね。だからこそ、慎重に行おう。

★お金の勉強をすれば「値動きの幅」を小さくする方法がわかる

投資をするということは、お金にも働いてもらうということ。その結果として、投資がうまくいくと、君のお金がお金を稼いでくれるので、お金が増えるんだ。

でも、反対にお金が減ることもあるんだ。

せっかく自分が稼いだお金を増やそうとして投資をしたのにお金が減ってしまうのはとても悲しいことだね。

でもそのときにその責任は全部君自身にあるんだよ。

いまの君の生活では、お父さんやお母さん、学校の先生たちが君の生活を守ってくれます。何か失敗をしても助けてくれることがあります。

でも、お金の世界では損をしても、得をしても、それはすべて君の責任なんだ。

こんなふうに言うと、お金のことが怖いと思うかもしれないね。その感覚はとても大切なものなんだ。

まず怖いと思わないといけないんだ。そしてお金を失うのが怖いからこそ、正しいお金の知識が必要なんだね。お金の勉強をすれば、その知識が身につくよ。

07

「儲かる話」で得するのは、君だけじゃないかも

お金の話を真剣に考えるのはとても大切なことなんだ。

でも、お金の話をする人の中には、君からお金をたくさん取ろうと思っている人もいるよ。

または、君にとって不利になり、相手にとって有利になりやすいものをすすめてくることもあるんだ。

だからまず、君は「お金の話をする人を疑う」ことが大切だよ。

それは、君のお金を守るための大切な行動なんだ。

★儲《もう》かる話をする人≒君からお金をもらおうとする人

人を信じることって、とても大切なことだよね。でも、お金に関しては他人を疑ってかかるべきなんだ（もちろん、ボクの言うことも疑ってね）。お金に関しては、他人を疑っても誰からも責められることはないよ。

君にお金の話をする人（銀行や証券会社などの従業員）は、基本的に君からお金をもらうことで収入を得ているんだ。それは、悪いことではないよ。その人にも家族がいて、君のようなこどもがいるのかもしれないね。

だから、お仕事としてお金の話をする人はたくさんいるよ。お仕事だからこそ、彼らはできるだけ多くのお金を君からもらおうとします。だから油断していると、相手が儲かりやすいものをすすめられることがあるよ。

でも、お金の話をする人に、お金をたくさん支払っていては、逆に君がお金に困ってしまうことになりかねないんだ。

だから、もし君がお金の話をする人に出会ったら、相手の言っていることが「本当かな？」と疑ってみてね。それはとても良いことだよ。

「儲かるいい話」って、
後から冷静に考えると
ありっこないって、
子どもでもみ〜んな
わかってるんだけどね。

増やし方にはコツがあるのです。
「雪だるま式」って知ってるよね。
「お金のタネ」を転がして
もっともっと大きくしていこう。

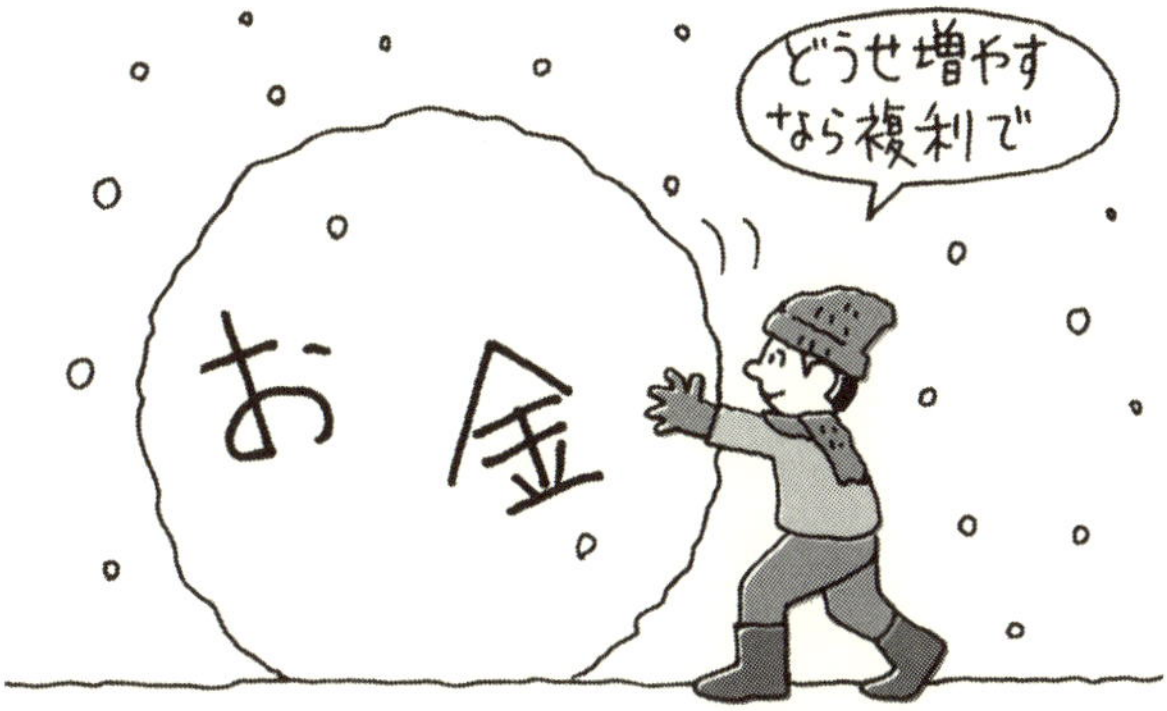

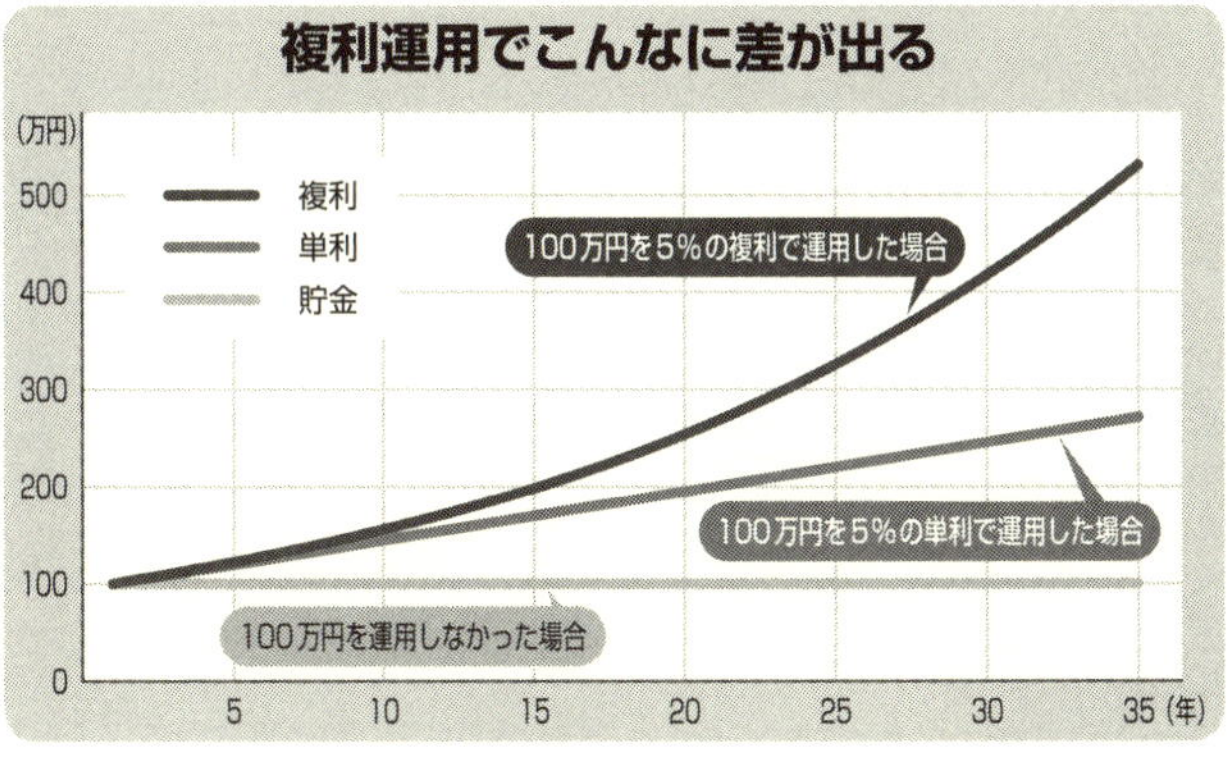

Q 少しお金が増えたらパッと使ってもいいよね？

08

増えるたびに使っていては、「お金持ち」にはなれない

投資をすると、お金が大きく増えるときがあるよ。

そうすると、誰でもお金をパッと使いたくなると思うんだ。

でも、君が老人になるまで、できれば使わないでほしいんだ。

使いたい気持ちをおさえて、増えたお金をもう一度投資に戻してあげてほしいんだ。

そうすると、お金が増えるのが早くなりやすくなるんだ。

結果として、パッとお金を使うよりも多くのお金を使えるようになりやすいんだよ。

★大きな雪だるまを作れる人は、お金の天才

君が大人になって、お仕事で稼いだお金を働かせたとしよう。つまり投資をしたわけだね。すると、お金が増えたり減ったりするよ。お金が減ったときは、悲しいよね。でも、投資がうまくいったときはお金が増えるんだ。このとき君は、とてもうれしいと思う。

では、君はその増えたお金をどうしたいかな？

「使う？」「貯める？」「もう一度投資をする？」

そのときどきによって、一番良い選択肢は異なるけれども、基本的には増えたお金は「もう一度投資をする」と、さらにお金が大きくなりやすくなるんだ。これを再投資による「複利効果」というよ。

複利効果とは、例えれば雪玉みたいなものだよ。雪玉を転がすと、雪玉に雪がくっついて、だんだん大きくなっていくよね。お金の上手な増やし方も同じだよ。

増えたお金を投資に戻して、だんだんお金を大きくしていくと有利になりやすいんだ。だから、できるだけ増えたお金は再投資してみてね。

Qじゃあ、お金を増やすのは、何のためなの？

09

お金を増やすのは、未来の自分のため

君はこれから大人になって、働いて、お金を稼ぐと思う。

だから、これから数十年間はお金の心配はそんなにしなくてもいいかもしれないね。

でも、君がおじいちゃん・おばあちゃんになって、働けなくなったら、どうなるか知ってる？

じつは、「ねんきん（公的年金）」というお金が受け取れるよ。

でも、それだけではお金が足らないかもしれないから、君はこれから備えておかないといけないよ。

★未来の君にはたくさんのお金が必要

君が老人になったときには、国からお金がもらえることがあるんだ。いまの65歳《さい》の人は、毎月平均で22万円ほどをもらっているよ。でも君が老人になるころには、毎月平均で13万円くらいしかもらえないかもしれないんだ。

いまの君から見ると13万円は、大金に思えるかもしれないね。でも毎月、普通に生活をするだけでもかなりのお金がかかるんだ。だから、毎月13万円の中で生活をするのは、かなり大変なことだと思うよ。たぶん、足らないと思う。

足らない分のお金はどうしたらいいかな？

答えは、貯金から取り崩《くず》していけばいいよね。

そのためには、どうしたらいいだろう？

それには、若いときからしっかりとお金を準備しておかないといけないよね。

つまり、君はいまから老人になったときの準備を考えておかないといけないんだ。

ずいぶんと気の長い話に聞こえるかもしれないね。でも、お金を用意するには、少しでも早く始めたほうが楽なんだよ。

10

お金があると、人生が選べる

大人に老後のお金の話をするとね、たいていの人は「もっと若いうちに始めておけばよかった」って言うよ。

それは、お金を増やすのには、すごく時間がかかるからなんだ。

そして、しっかりお金の準備ができていた人は、人生の選択肢が広まることがあるよ。

つまり、君が送りたい人生は、ある程度、君が選ぶことができるっていうことだよ。

君は、お金に困る人生と、困らない人生、どっちがいいかな？

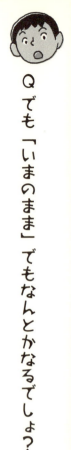

★「いま」も「未来」も、どっちも楽しく生きよう

例えば、君が大人になって働いて、1年間で500万円を稼ぐことができるようになったとするよ。そのまま40年働いたとすると、君がお給料から得るお金は、一生で2億円だね。とっても大きなお金だと思う。でも、お金の使い方で、大きく三つの人生に分かれてしまうんだ。

◉一つめの人生：普通に生活をしていると、ついついムダな買い物をしてしまう。その後で貯金をしようとしても、うまく貯まらない人生

◉二つめの人生：積立貯金をして、毎月、きちんとお金を貯めることができた人生

◉三つめの人生：積立貯金でお金をしっかり貯めつつ、余裕のあるお金で投資をして、上手にお金が増やせた人生

さあ、君はどの人生がいいだろうか？

できるなら、お金に困らない人生のほうがいい、とボクは思う。

でも、それを決めるのは君自身なんだ。誰も大人になった君に指図はしてくれないよ。さあ、君はどう生きる？

Q 将来、お金持ちになったら、どう使ったらいいの？

11

増やしたお金を、増やしながら使う

君が将来、お金持ちになったら、どうするかな？

◉欲しいものを買う？

◉ガマンして貯める？

どっちのお金の使い方も悪くないよね。

でも、お金を長持ちさせたいなら

◉お金を増やしながら、使う

という方法がより良いと思うよ。

そうしたほうが、たくさんお金が増えて、たくさん使える可能性があるからだよ。

★先祖代々お金持ちな人たちの「お金の使い方」

君の人生のお金の使い方は、結局のところ、君が決めることだけど、できるならお得な使い方をしたほうが良いよね。

お金の流れを考えた場合、お得な使い方というのは「増やしながら使う」ことなんだ。

なぜそうかというと、例えば、1000円を君がもらったとするよ。それをすぐに使うと、1000円しか使えない。当然だよね。でも、1000円を投資に回して、1050円に増やすことができれば、使えるお金は50円多くなるよね。

だから、お金は増やしながら使うほうがお得なんだ。

もちろん、投資がうまくいかないと、減ることはあるよ。

でも、君が大人になったときは、若いうちはお金をできるだけ大きくしてあげたほうがお得だし、老人になって働けなくなったら、増やしたお金を増やしながら使うほうが、よりお得なんだ。

そして、これは君が将来、お金持ちになっても変わらないよ。どれだけお金があっても、増やしながら使うほうがお得だっていうことを覚えておいてほしいんだ。

12

まずは家計の黒字化。ムリなくラクに続けられるか、がカギ

お金を増やそうと思うと、すぐに投資をしないといけない気持ちになるかもしれないね。

でも、お金を増やす最初の一歩は「貯める」ということなんだ。いわゆる貯金だね。

なぜなら、貯金ができていないと、投資をするためのお金が用意できないからだね。

投資というのは、貯金の延長線上にあるものだというふうに考えておくと、いいと思うよ。

★お金を増やすには持久力が必要

ここまで見てきたように、お金に困らない人生を送るために「投資で資産形成をする」というのは大切な考え方なんだ。

でも、特に大人に多いんだけど、投資の話をすると「お金が簡単に、早く増えそうだ」「一気にお金持ちになりたい」そんなふうに考える人がたくさん出てくることがあるよ。

でも、投資では、短期間に一気にお金が大きく増えることは、あまりないよ。長期間で見た場合、少しずつ増えていくことが多いんだ。

例えば、君が100円を投資に回したとき、20年間で1年当たりの平均で5円程度増えたら（+5%くらい）、上手にできたといえるくらいだよ。

だから100万円なら、1年で5万円増えるペース。もし1億円あれば、1年で500万円増えるペースだね。

つまり、大切なのは、君が最初にいくら貯金できるか、ということ。もし君がお金を大きく増やしたいなら、まずは貯金をしっかりとすることを考えてね。

★まとめ★

知っておくと得すること

◎君のお金の流れは、貯金が一番に来ているかな？

◎投資も大切だけど、その前に貯金をすることがとっても大切だよ

◎大人はときどき、君に損な話を持ってくることがあるよ。相手の言うことを疑おう

◎君の人生は、君がある程度決めることができるんだ。君はどう生きたい？　自分のお金のことは自分で考えよう

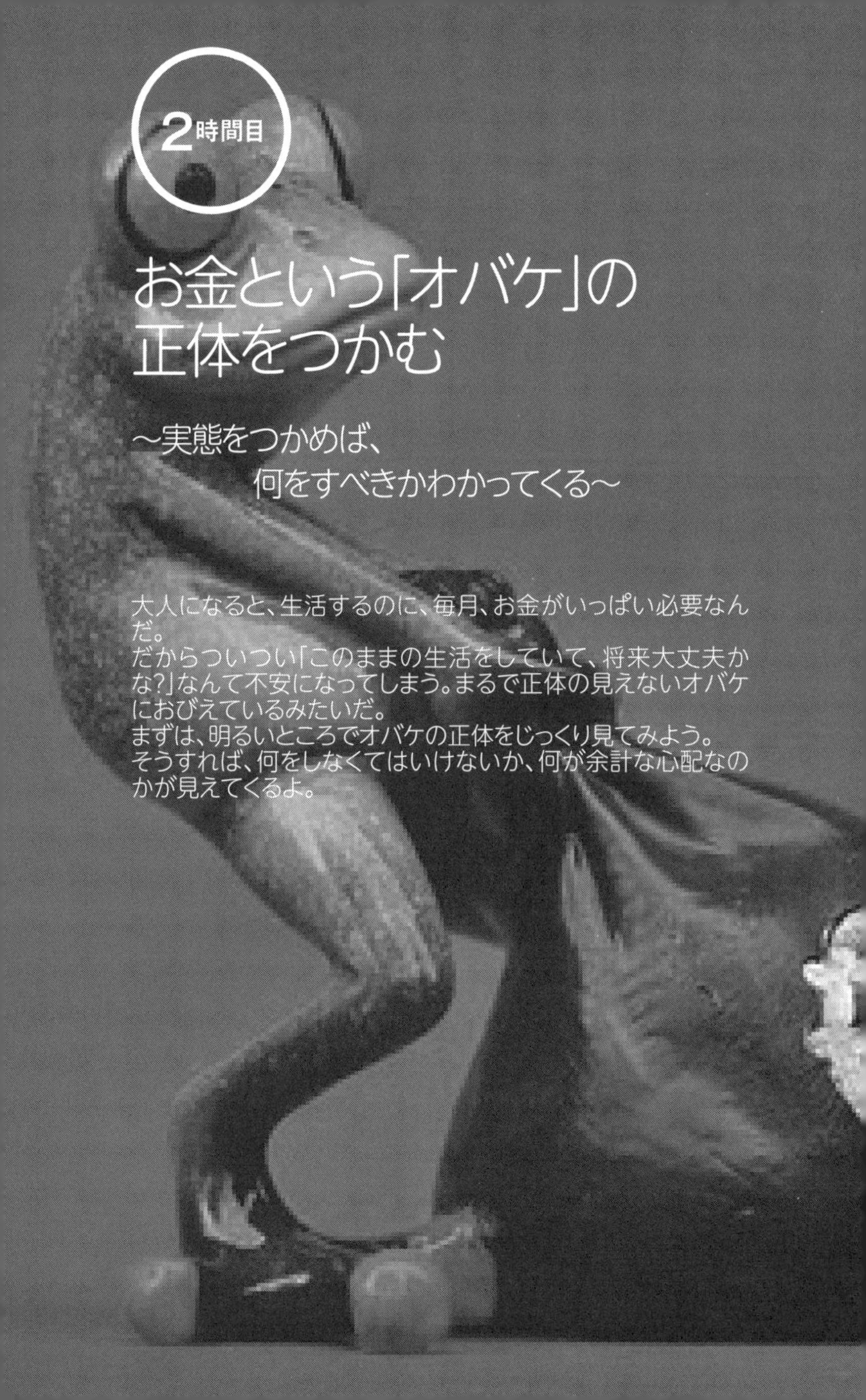

2時間目

お金という「オバケ」の正体をつかむ

～実態をつかめば、何をすべきかわかってくる～

大人になると、生活するのに、毎月、お金がいっぱい必要なんだ。

だからついつい「このままの生活をしていて、将来大丈夫かな?」なんて不安になってしまう。まるで正体の見えないオバケにおびえているみたいだ。

まずは、明るいところでオバケの正体をじっくり見てみよう。

そうすれば、何をしなくてはいけないか、何が余計な心配なのかが見えてくるよ。

Q ところで、ぼくは何歳まで生きるの？

13

100歳まで生きるかもしれない。だから、困る

君はいま、何歳かな?

ボクたちの平均寿命は少しずつ延びているんだ。

だから、もし君が10代なら、君は105歳まで生きるかもしれないね。

でも、長生きをするということは、それだけたくさんのお金が必要になってくる、ということなんだ。

だからこそ、若いうちから、しっかり未来のお金の準備をしておかないといけないよ。

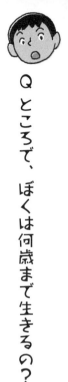

★老後の君には、お金を稼ぐ元気がないかもしれない

平均寿命って知っているかな？　これは、簡単に言うと、今年生まれた赤ちゃんが平均すると何歳まで生きるかを表したものなんだ。

では問題だよ。女の人と男の人の平均寿命はそれぞれ何歳かな？

正解は、女の人で87歳、男の人で81歳なんだ。

女の人のほうが長生きをしやすいんだね。

でも、ちょっと注意してほしいことがあるんだ。それは、すべての人が87歳や81歳まで生きるかというと、そうではない、ということなんだ。

4人にひとりくらいは、100歳くらいまで生きるのではないかと、言われているよ。そして、これはだんだん延びてきているんだ。

だから君が自分の人生を考えるときには「105歳まで生きるかもしれない」というふうに考えておいてほしい。

そして、それに向けて若いうちから老後のお金の準備をしておかないといけないんだ。なぜなら、80歳や90歳でお金を稼ぐのはとても大変だからだよ。

年を取ってからでは間に合わないよ。
１００歳まで生きるためのお金を
若いうちにつくっておけば安心だね。

１００歳までのお金をどうつくるか、
ほんとうにつくれるのか、
考えだすと不安になってくるよね。
でも、あわてないこと。

Q 大人になったらお金の心配はなくなるよね?

14

大人だからこそ、いつも お金オバケにおびえている

大人って、どう思う?

とても立派で頼りになるように見えるかな?

でもね、大きな大人でも、お金のことがいろいろと不安に感じていることがあるよ。

でも、そんなときこそ、じっくり君の人生のお金の全体像を把握してほしいんだ。

お金で怖いのは、不安に駆《か》られすぎて「ヘンなお金の商品」や「ダメなお金の増やし方」に手を出してしまうことなんだ。

不安オバケに気を付けよう。

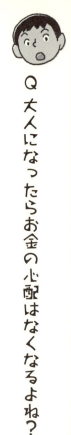

★お金オバケの退治方法、教えます

いまの君はきっと毎日が楽しくて、キラキラと輝いていると思う。それはとっても素晴らしいことなんだ。でも、大人になると、将来のことがだんだん不安になってくるものなんだ。特に、お金の問題となると、深刻なんだ。

◉君が一生でいくらお金を稼ぐことができるのか？
◉君の一生でいくらお金が余るのか？　いくら足らないのか？

多くの大人は、年を取るほどにこのことが心配で不安になってくる。そして、不安が大きくなってくると、つい悪い大人にだまされたり、必要のない「投資商品」を買ってしまったりするんだ。まるでオバケに驚かされたみたい。

こんなふうに、長生きをするほど、不安になって、お金オバケが大きくなるよ。でも、オバケってじつは、明るいところで見れば、たいしたことがないかもしれない。

こんなふうに、良く分からないものを「見える化」しちゃうと、不安が一気に消えちゃうことがあるよ。

不安になったら「見える化」することを覚えておいてね。

Q 夢があるんだけど、どうやったらかなう？

15

「夢」と「すべきこと」を紙に書くだけ

君の10年後の夢は何かな？

きっと大きな夢があると思う。

でも、毎日をダラダラと過ごしていてはその夢が叶《かな》わないかもしれないね。

夢を叶えるにはステップが大切なんだ。

それでは、10年先までの夢と、そのためにしなければいけないことを、紙に書いてみよう。

そうすると、いま、そしてこれから君がしないといけないことが見えてくるよ。

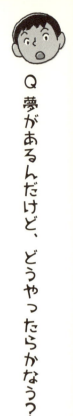

★多くの大人は「見える化」しない。君はできるかな？

お金を「見える化」するにはどうしたらいいかな？

じつは、大人がお金のことで不安になったときは、ライフプランニング表というのを書くんだよ。すると不安の正体が見えてくるんだ。なんだか難しい気がするね。でも、中身はとっても簡単だよ。ちょっといっしょに「こどもバージョン」を書いてみよう。

①10年先までの夢を書く

②夢を叶えるのに必要なことを書く

大人の場合とは、ちょっと違うけど、君の場合はまずはこれだけで十分だと思う。①で大切なのは、できるだけ夢を大きく膨《ふく》らませて、どうなりたいのかを具体的に書くこと。そして②で大切なのは、その夢を叶えるのに何が必要なのかを「自分で」考えることなんだ。すると、自分に何が必要で、そのために何をしないといけないかが分かるよ。

大人の場合は、数十年先の夢と、お金をいっしょに記入するんだ。大人になると、夢を叶えるのにお金がかかることがあるんだ。

将来の夢を描こう

	夢の内容をくわしく書こう	その夢をかなえるのに必要なことをくわしく書こう
例	サッカーチームで試合に出る	毎朝公園で練習をする
1年後の夢		
2年後の夢		
3年後の夢		
4年後の夢		
5年後の夢		
6年後の夢		
7年後の夢		
8年後の夢		
9年後の夢		
10年後の夢		
○年後の夢		

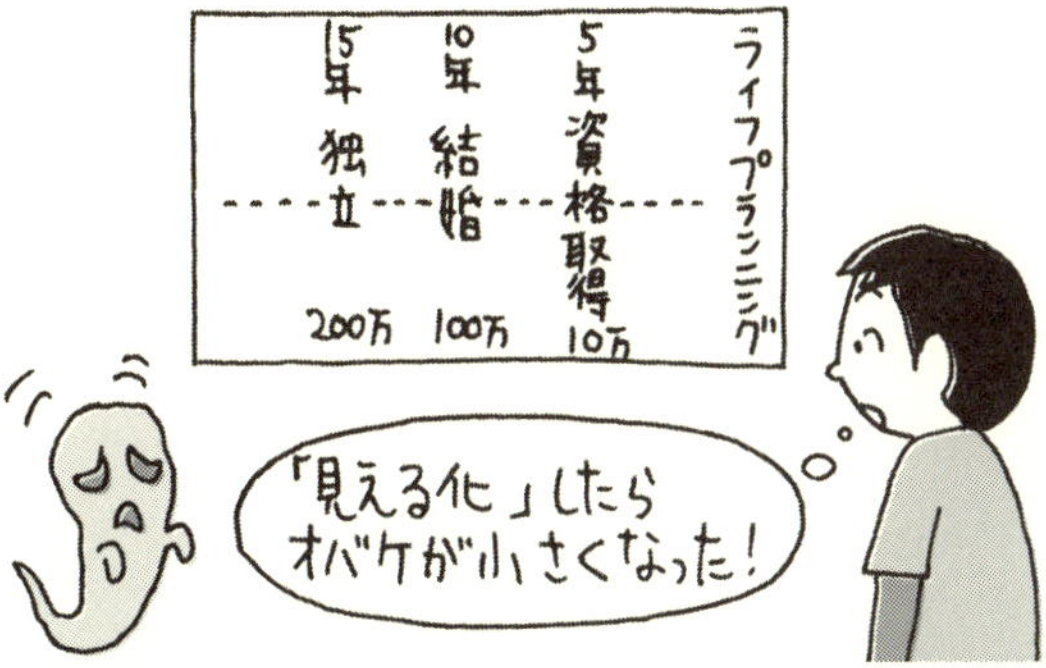

将来を「見える化」させよう

	イベント（やりたいこと）	かかる費用	目標資産額
1年後			100ベース
2年後			
3年後			
5年後			
10年後			
15年後			
20年後			
25年後			

16

いまから「見える化」ノートをつくろう。そして、続けよう

お金の流れを「見える化」する方法の一つに「家計簿《ぼ》をつける」というのがあるよ。

たぶん、君のおうちにも「家計簿」と呼ばれるものがあると思うよ。

家計簿を見てみると、そこには、何にどのくらいお金を使ったのかが、書いてあるよ。

こういうふうに書いてあると、どんなことにお金を使っているか、どのくらい毎月お金が残っているかが「見える」ね。

だから家計簿は大切だよ。

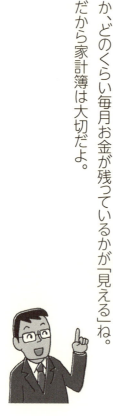

★「買って・もらって・書く」これで見える

家計簿を見ると、いろんな数字が並んでいることが分かると思うんだ。

いまはまだ、君はそれらの数字のことをきちんと理解する必要はないよ。

でも、こんなふうに、使ったお金のことを書いていくと、お金がどこにどれだけ行ったかが分かるよね。こうすると、後で「私はいくらお金を使って、残りはいくらかな？」ということが分かるようになるよ。

じつは、この「見て分かる」というのが、大人になってお金の不安を小さくするのには、とっても大切なんだ。

だから、君も大きくなったらぜひ家計簿をつけて、君のお金を「見て分かる」ようにしてほしい。そうすると、お金オバケは小さくなるよ。

「家計簿のつけ方が分からない」と不安になることはないよ。

まずはお買い物をしたら、レシートをもらうこと。それをお財布にしまうこと。そして、それをノートなどに記入すること。

まずはこれだけでもいいからね。

Q どうしたらお金オバケをやっつけられるの？

17

一生で必要なお金を紙に書くだけで、お金オバケの正体がわかる

お金の不安オバケの退治方法を教えるね。

君が大人になったら、100歳くらいまでの大きな家計簿みたいなものを書いてみるんだ。

そうすると、君の一生で、

◉お金がいくら余るのか？

◉お金がいくら足らないのか？

◉何をすれば足りるのか？

が一気に見えてくるんだ。

こうすれば、不安が「見える化」できるから、オバケ退治もしやすくなるよ。

★60分でオバケ退治完了！

君が大人になったら、ぜひ次の二つのことをしてほしい。それだけで、ずいぶんとお金の不安は小さくなるよ。

①105歳までの夢とやるべきこと・行事を書く

②年単位で家計簿の数字をもとにして、105歳までの予想を立てる

この①の作業は「ライフプランニング」だったよね。そして②の作業は「キャッシュフロー表を作る」っていうんだ。

特に②をしっかりと作ると、君が大人になってから105歳になるまでに、いくらのお金が必要か？　そして、105歳までにいくらお金が余るのか？　それともお金が足らないのか？　が分かるよ。そして、②をしっかりと作るには、家計簿で君のお金を「見て分かる」状態にしておかないといけないんだ。

こんなふうに、家計簿・ライフプランニング・キャッシュフロー表を作ると、不安があるのかないのか？　それは大きいのか小さいのかが分かるよね。これがとっても大切なんだ。

「ライフイベント」ごとに
いくら必要か、プランニングしよう。

キャッシュフロー表（一例）

年	2018	2019	2020	2021	2022	2023	2024	2025	2026
ライフイベント		長男小学校 出産	車買換え	住宅購入			長女小学校	長男中学校	海外旅行
収入①	450	450	450	450					
収入②	100	100	100	100					
一時収入	0	0	0	0					
収入合計Ⓐ	550	550	550	550					
基本生活費	240	240	240	240					
住居関連費	96	96	96	96					
車両関係費	24	24	24	24					
教育費	10	12	12	12					
保険料	24	24	24	24					
一時支出		50+30	200	500			50	30	60
支出合計Ⓑ	394	474	594	894					
年間収支 Ⓐ－Ⓑ	156	76	−44	−344					
貯蓄残高	556	632	588	244					

「ムダ」をなくすことが、
損しない投資の神髄。

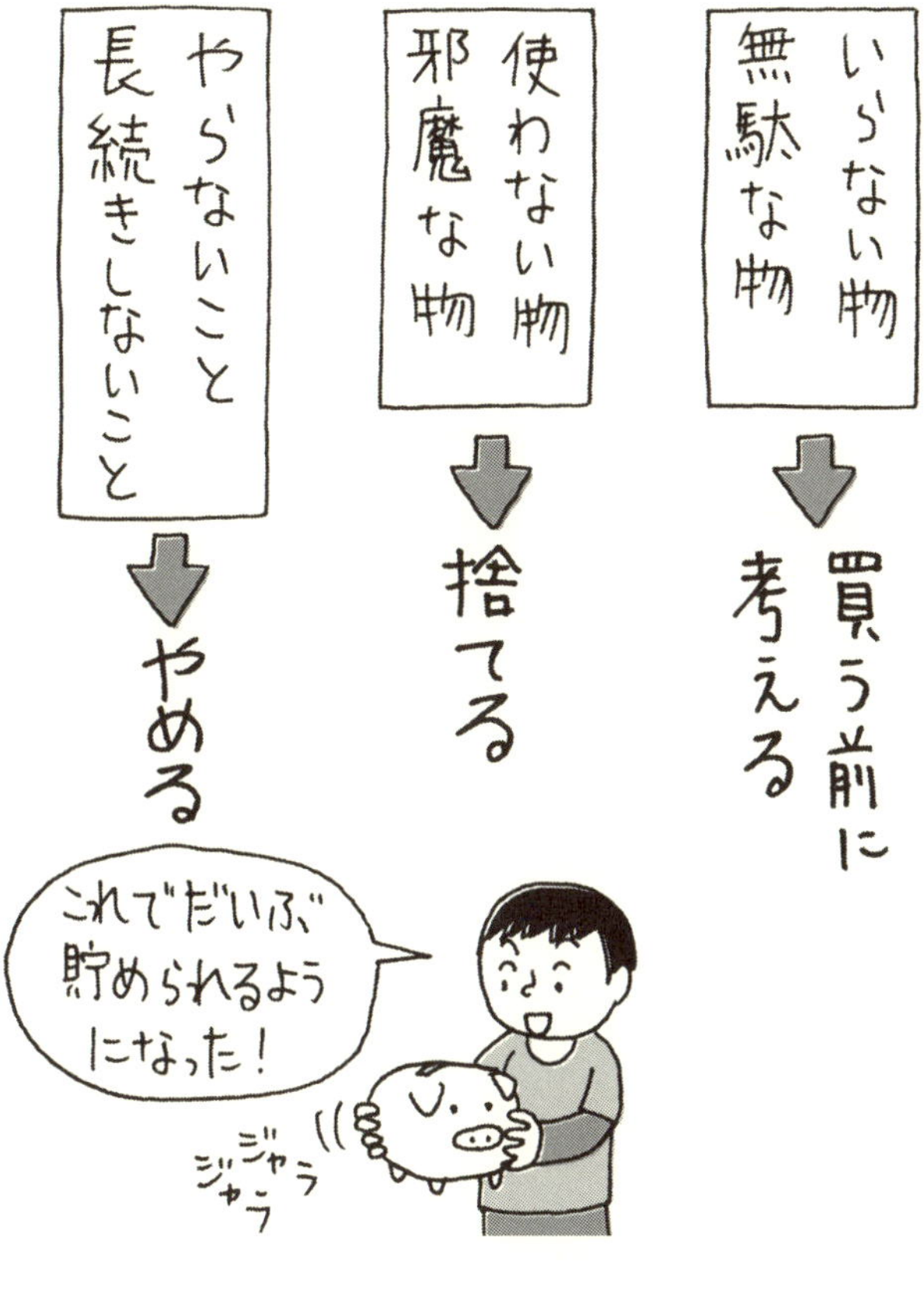

18

探せばきっと見つかる「バケツの穴」

ここに、穴のあいたバケツがあるよ。
さて、このバケツにコップで水をいっぱいにためるにはどうしたらいいかな？
それには、まず、バケツの穴をふさぐことが大切だよね。
とてもカンタンなことだね。
そして、お金を貯めるときも同じだよ。
日々の生活の中にも、お金の無駄があるものなんだ。
だから、まずはお金の無駄を見つけよう。

★「無駄を探す」＝「損しない投資」

投資で君の余裕資金を働かせて、お金を増やすのはとても大切なことだけど、同時にしないといけないことが一つあるよ。

それは「無駄なお金」を見つけて、それをストップすることだよ。

無駄があると、いくらお金を増やしても、お金が逃げていってしまうからね。これではいつまでたっても、お金がきちんと貯まらない。だから、無駄なお金をやめようね。

それに、無駄なお金をやめるのはとてもすごい効果を生み出すんだ。

例えば、君が毎月250円の無駄を見つけて、それをやめることができたら、10万円のお金を（利回り3％）で働かせているのと、同じような効果があるんだ。

①毎月250円の無駄をやめる×12か月＝年3000円

②元本10万円で利回り3％の金融商品＝年間3000円の利益

このように、①と②は同じような効果なんだ。この無駄を見つけることを節約っていうよ。でも、毎日が苦しいような節約はやってはいけないよ。楽しみながらできる節約をしようね。

19

世界でいちばん有望な投資先、それは君自身

投資先は、金融商品や会社だけとは限らないよ。

若いうちは、自分にも投資をしてあげよう。

例えば、大学で勉強をしたり、サッカー留学をしたりすること。

そうすると、お金がかかるけど、君には特別な力が身につくかもしれないよ。

結果として、将来、かけたお金よりも、もっと大きなお金を稼げるようになるかもしれないよ。

★君の経験は「より高い収入」を呼び込む

節約をしてお金を貯めたり、会社にお金を働かせたりして、お金を増やすのはとても大切なことだと思う。

でも、もう一つ大切なことがあるんだ。それは、君自身への投資だよ。

自分への投資ってどういうことだろう？　それは、君を成長させる、ということなんだ。

例えば君が将来、野球選手になりたいとする。そうすると、たくさん練習をしないといけないよね。そのためには、バットやグローブなど、いろんな道具やユニフォームを買わないといけないよね。そのためにはたくさんのお金がかかる。

でも、これはお金の無駄使いではないよね？　君が将来、野球選手になるための自分への投資なんだ。もし、君が野球選手になれれば、使ったお金よりも、たくさんのお金が稼げる。また、もしも野球選手になれなくても、野球を通して学んだ、たくさんのことが、君を大きく成長させるんだ。

だから若いうちは、自分にどんどん投資をしよう。

★まとめ★

知っておくと得すること

◎君は105歳まで生きるかもしれない。だからお金のことをしっかり考えよう

◎人生のお金の全体を把握すると不安がやわらぐよ

◎自分のお金のことは、自分で考えられるようにしよう

◎お金を増やす前に、まずは無駄を見つけよう

◎若いうちは、自分自身に投資をするのも大切だよ

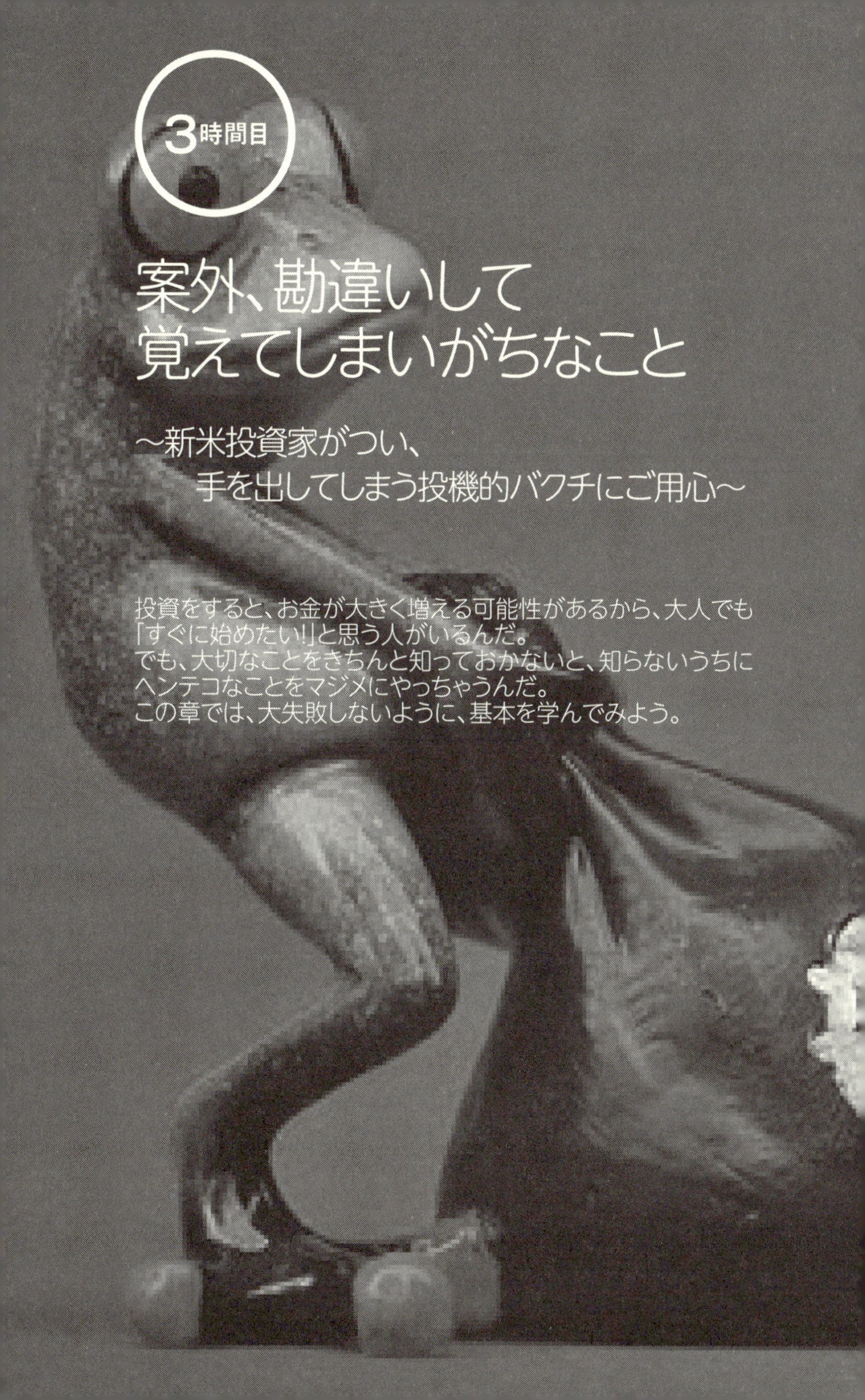

3時間目

案外、勘違いして覚えてしまいがちなこと

～新米投資家がつい、手を出してしまう投機的バクチにご用心～

投資をすると、お金が大きく増える可能性があるから、大人でも「すぐに始めたい!」と思う人がいるんだ。

でも、大切なことをきちんと知っておかないと、知らないうちにヘンテコなことをマジメにやっちゃうんだ。

この章では、大失敗しないように、基本を学んでみよう。

Q 一年間でお金持ちにはなれるかな？

20

すぐにお金持ちになれる方法はある、でもたぶん君は「なれない」

短い期間でお金持ちになれるかもしれない方法はあるよ。

でも、そうすると短期間でお金が大きく減ってしまうこともあるんだ。

こういうのを「投機的《とうきてき》」というんだけど、君にはあまり向いていないかもしれない。

できれば君には、コツコツと合理的にお金を増やせる可能性のある「投資」をしてほしいと思う。

お金を大きくするときは、あせらずじっくりと取り組もうね。

★一《いち》か八《ばち》か＝×　誰にでもできるコト＝○

株式投資以外にも、お金の増やし方にはいろんな方法があるんだ。そして、中には短期間で一気にお金を増やす方法もあるよ。

だから、大人の中には「すぐにお金持ちになりたい！」と考える人もいるんだ。でも、そういうことをしていると、一気にお金が減ってしまうこともあるんだ。

だから、短期間での大成功を目指したら危ないよ。

確かに、短期間でお金を大きく増やすのに成功する人はいるよ。でも、それはほんの一部の人だけに起こるラッキーな出来事なんだ。君にも必ず起こるとは限らない。それどころか、大失敗してしまうかもしれないよ。

君がすべきことは、再現が難しい、ほんの少しの大成功した人のマネをすることではないと思う。

君には、大多数の人に起こるであろう、コツコツとお金が増えていくかもしれないことをマネしてほしいんだ。

それは「長期分散投資」って呼ばれるよ。

Q いちばんお得な投資方法は？

21

1番イデコ、2番つみたてニーサ

同じ「お金を大きくする」のなら、できるだけお得に大きくしたほうがいいよね。

じつは、お金を長い時間でコツコツと大きくするには、国の制度を利用するとお得になるんだ。

それは「つみたてニーサ」や「イデコ」などと呼ばれる制度だよ。

税金面で有利になるので、賢《かしこ》く利用しようね。

★人によっては2000万円以上お得になることがある

お金を増やすには、お金を増やすための窓口を利用しないといけないんだ。大きく分けて、次の二つの窓口があるよ。

①国の投資制度
②民間の証券会社

君が大人になったとき、ぜひ利用してほしいのが、①の国の投資制度だよ。じつは、これはとってもお得な制度なんだ。いろんな仕組みがあって、名前もたくさんあるよ。例えば「ニーサ」とか「イデコ」とか呼ばれているよ。これらのどこがお得かというと、税金がお得なんだ。これは、君が大人になったときに国に払うお金のことだよ。

もし、君が②の民間の証券会社で投資をして、お金を増やすことができると、国に増えたお金の一部を収めないといけない、というルールがあるんだよ。でも君が①の国の投資制度を使った場合は、その税金がお得になることがあるんだ。長い期間で見ると、その金額はとても大きくなることがあるよ。

お得なんだから、①を使ったほうが良いよね。

「国の投資制度」を使えば、
人によっては2000万円以上も
得する人がいるんだよ。

税制面での優先順位

1	運用益非課税＋所得控除	・iDeCo（個人型確定拠出年金）
2	運用益非課税	・つみたてNISA ・一般NISA
3	課税される	・通常の証券口座

「チャンスはピンチ」っていうけど、
一発逆転を狙うのは、リスクが大きいよ。
十中八九、失敗するみたい。
守りながら点を取ることを考えよう。

22

安全資産なら減る心配はしなくていい

ここまで見てきたように、お金を増やすことを考えるのは大切なことだよ。

でも、投資をすると、増えることもあれば、減ることもあるよ。

でも、じつは減る心配がほとんどなくて、増やす方法もあるんだ。

それは「安全資産《あんぜんしさん》」って呼ばれるよ。

サッカーでいうと、ゴールキーパーみたいな役割なんだ。

★お金持ちは守りながら攻めるのが上手

投資をすると、いつでも増える可能性と、減る可能性があるんだ。ちょっと怖いよね。でも、じつは減る可能性がほとんどないお金の増やし方もあるんだよ。それは「安全資産」と呼ばれるよ。安全資産には次の二つがあるよ。

①預貯金（銀行や郵便局に預けるお金のこと）

②個人向け国債（日本の国が発行している債券を買うこと）

このうちのどちらかに、君のお金を移動させておくと、減る心配が（ほとんど）ないのに、ちょっとずつお金が増えていくんだ。ちなみに時代によっては、わりと増えるときもあるよ。だから君が大人になったらときどきチェックしてね。ちなみにいま（2019年）はあまり増えない時代だよ。だから株式投資などを考えることが大切なんだね。

そして、投資をするときにも、じつはこの安全資産がとても大切な役割を果たすんだ。サッカーでも、攻めと守りが大切だよね。安全資産は守りで、投資は攻めみたいな存在だよ。

23

バクチでお金を増やすのは、投資で増やすより難しい

お金を増やす方法の一つに、バクチというものがあるよ。

でも、君はバクチをしてはいけないよ。

それは、誰かが得をしたら、同時に誰かが損をして、悲しむからなんだ。

つまり、君がバクチでお金を増やそうとすると、うまくいったり、いかなかったりするわけだね。

これでは、お金を増やすことがとても難しいよね。

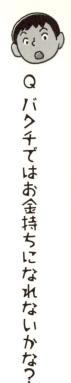

★バクチの結果がどうなるかは「わからない」

ここに1から6までの目が書いてあるサイコロが一つあるよ。

そして、1・3・5の数字のことを「奇数《きすう》」と呼ぶよ。さらに、2・4・6の数字のことを「偶数《ぐうすう》」と呼ぶよ。

では、ボクとサイコロゲーム（バクチ）をしてみよう。

君とボクとで、サイコロを振って、出る目が奇数か偶数かを当てるんだ。当たった人には、負けた人がお金を払う、というルールだよ。

さあ、この勝負をした場合、勝つのは君だろうか？　ボクだろうか？

答えは「分からない」よね。何しろ、サイコロの出る目は偶然で決まり、何の法則もないからだね。

そして、何より困るのが、どっちかが得をして、どっちかが損をしてしまうということ。つまりその場のお金が増えていないんだ。

君はたぶん、誰も困らせたくないし、自分も困りたくないはず。だから、君は、こういうゲームをしないほうがいいと思うよ。

負けた～！
5・2の半！
勝ったー！
結局プラスマイナスゼロ！

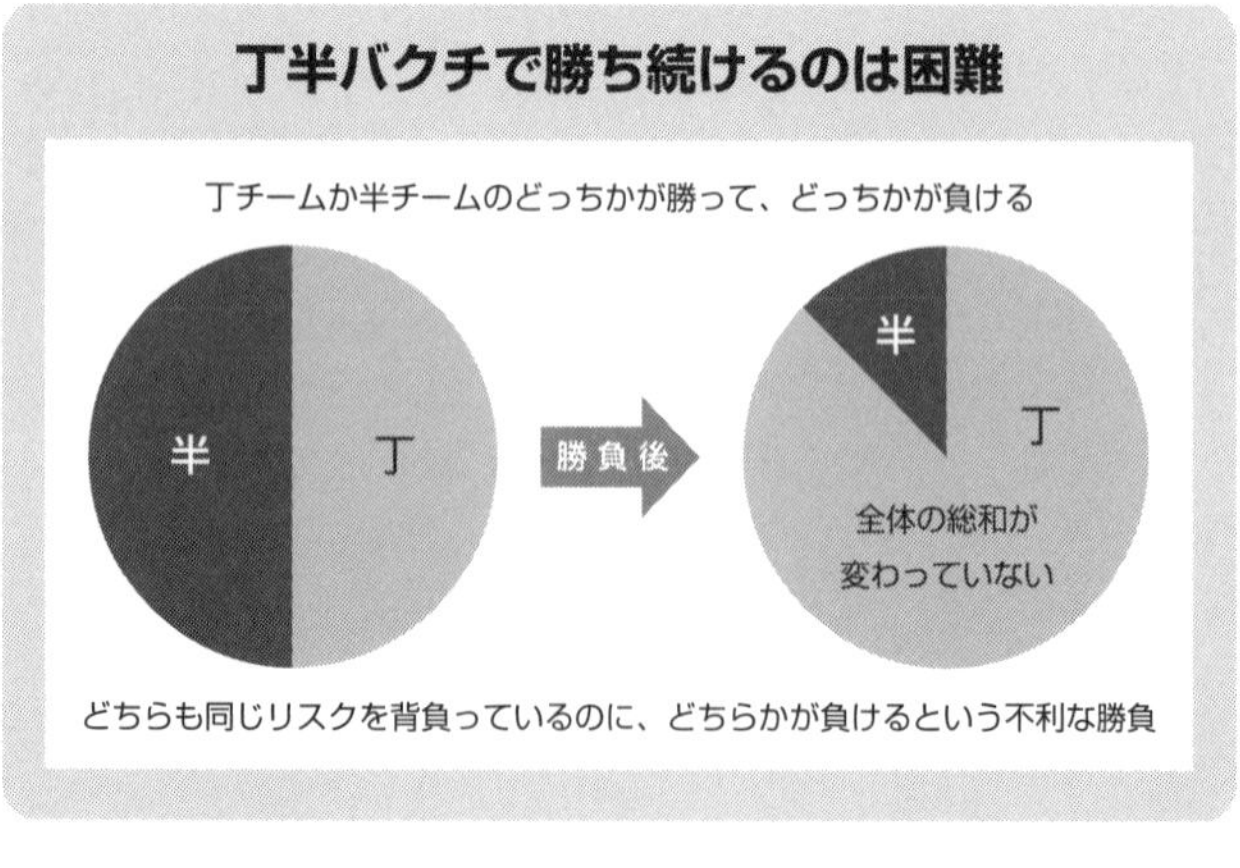
丁半バクチで勝ち続けるのは困難
丁チームか半チームのどっちかが勝って、どっちかが負ける
半
丁
勝負後
半
丁
全体の総和が
変わっていない
どちらも同じリスクを背負っているのに、どちらかが負けるという不利な勝負

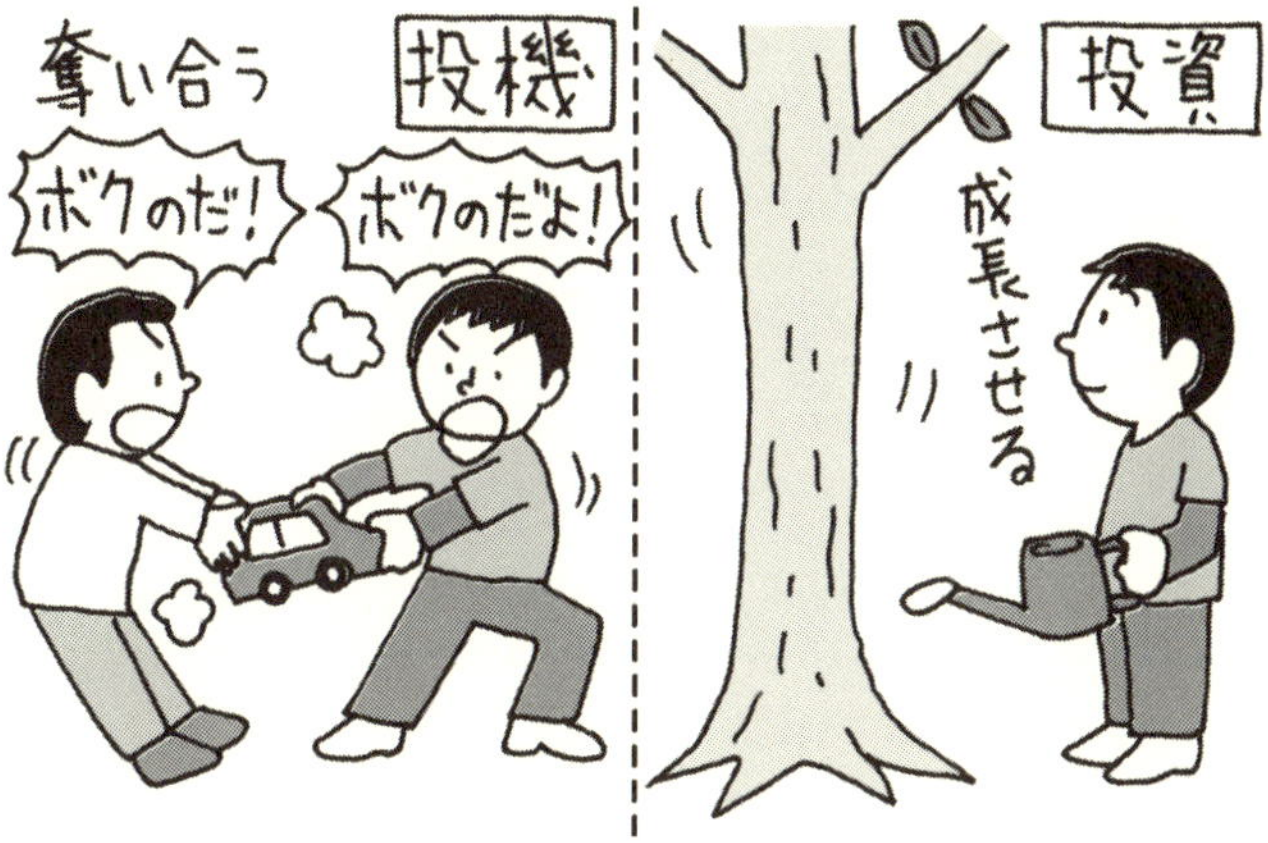
奪い合う
投機
ボクのだ!
ボクのだよ!
投資
成長させる

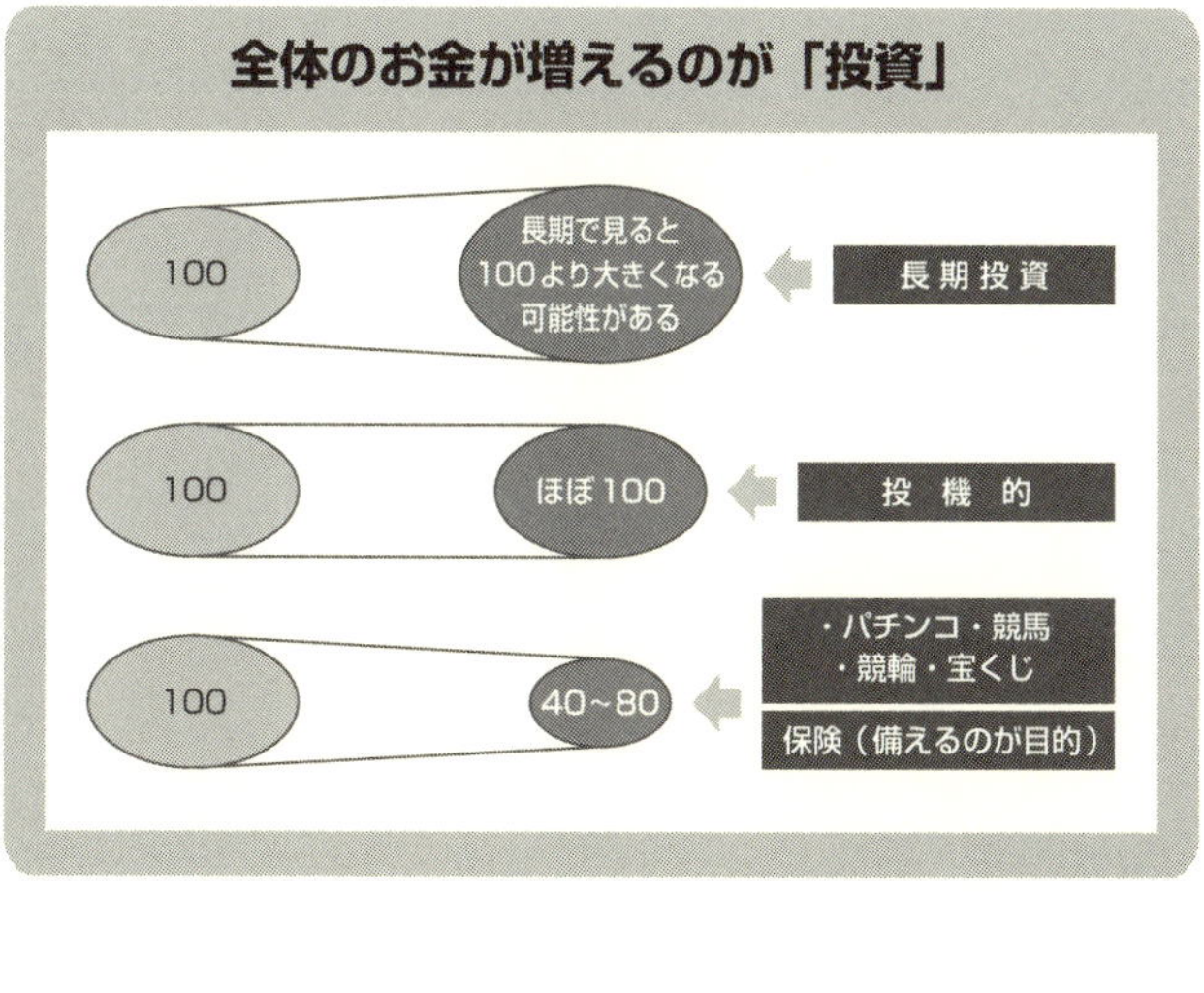
全体のお金が増えるのが「投資」
100
長期で見ると
100より大きくなる
可能性がある
長期投資
100
ほぼ100
投機的
100
40~80
・パチンコ・競馬
・競輪・宝くじ
保険（備えるのが目的）

Q 投資もけっきょく、バクチでしょ？

24

投資→全体のお金が増える
バクチ→全体のお金が増えない

バクチのようなことを「投機的」って呼ぶよ。

投機的なことをすると、結果が運まかせになってしまうんだ。

うまくいくか、いかないかがとってもあやふやなんだね。

それに対して、合理的な投資というのは、長期間で見ると、みんながうまくいきやすいんだ。

君がしないといけないのは、投機的ではなく、投資じゃないかな？

君はどう思うかな？

★全体のお金が増えないものは無視する

さっきやったサイコロバクチのことを、別の言い方では、ギャンブルとか、投機的っていうよ。投機的な行動にはいろいろな種類があるけれど、基本的には、

◉「奇数か偶数か」「上がるか下がるか」を予想する

◉結果はランダム（分析で事前に分からない）

◉予想が当たるかどうかは運次第

という特徴《ちょう》があるんだ。そして、さらにもう二つ、投機的な行動には大きな特徴があるんだよ。

◉全体の金額が増えていない

◉生産（成長）に参加していない

これはどういうことかな？　つまり、長期間行っても、お金の全体が増えていないから、結局、運次第になりがちなんだ。

こうしてみると、投機的な行為は、あまり普通の人にとっては必要がないし、合理的なことではないように思わないかい？

※ご注意：社会的には投機は必要であり「悪」ではありません。
また「投機」には必ずしも明確な定義はありません。

Qう〜ん、けっきょく、株を買うのは、投資？

25

株を短期でやれば「投機」、長期でやるのが「投資」

「投資」と「投機」よく似てるね。

大人でも「投資」だと思い込んで、ずっと「投機」をしている人は多いんだ。

どっちもお金を増やしたいときに使われるんだけど、その性格は大きく違うよ。

◉投資は成長する可能性があるところに「何十年も」お金を働かせに行くこと

◉投機はお金が増えにくいところに「短い間だけ」お金を置くこと

この違いを覚えておいてね。

★株は投機と投資の両方の性質を持っている

ちょっとこんがらがってきたかもしれないから、もう一度、投資と投機的の違いを、しっかりとまとめておこうね。

◉投資：成長するであろうものにお金を働きに出すこと
◉投機的：奇数か偶数か、上がるか下がるかに賭《か》けること

また、株式投資をしても、それが短期間では投機的になるよ。なぜなら、短期間では、お金が成長できないよね。だから短期間で行うと「上がるか・下がるか」を予想するギャンブルになってしまうんだ。だから、資産形成を合理的にしたい人には、おすすめできないいんだ。

もちろん、投機が絶対に悪いわけではないよ。だから、君が「人生は一度きりだ。一か八かに賭けて、一気にお金を増やしたい。もちろん、失敗して、お金が一気に減っても構わない！　投資ではなくて投機がしたい！」と思うのなら、それはそれで構わない。君が大人になったら、自分のお金のことは、自分で考えないといけない。選ぶのは君なんだ。

Qじゃあ、外貨預金は、安全資産？

26

外貨預金≒投機的
君がしたいのは何だろうか

お金の預け先は銀行が有名だよ。

銀行に普通は、日本のお金(円)で預けるんだ。

でも、外貨預金というのもあるよ。

外貨預金とは、日本のお金の円ではなくて、外国のお金に換《か》えて預けておく、という方法だよ。

でも、この外貨預金の本質は、投資ではなくて、投機的だから、

そこをしっかり理解した上で、自分で判断しようね。

★「円安か円高か」に賭けるバクチの性質

いま、日本ではお金を銀行に預けておいても、あまり増えない時代なんだ（円預金）。それは、お金が増える目安の「金利《きんり》」というものが低いからだよ。

でも、外国には、金利が日本よりも高いところがあるよ。だから、お金を増やしたい人の中には、外国のお金に換えて、自分のお金を増やそうと考える人もいるよ（外貨預金）。

でも、外貨預金って、安全資産ではないんだ。それは、外国のお金を持つということは、為替《かわせ》という考え方が入ってくるからなんだ。

為替を簡単に言うと、世の中が「円安」という状態になると儲かりやすくなり、「円高」になると損をしやすくなるんだ。

ということは、外貨預金は、どちらかというと投資ではなく、投機的な存在になるね。なぜかというと、外貨預金では、「奇数か偶数か」のように「円安か円高か」に賭けている面が強くなるからだよ。

だから、投資とは少し違うことを理解しておいてね。

Q でも、外貨預金なら金利が高いから長期でやれば得しやすい？

27

魅力的だからこそ、魅力がない

外貨預金はパッと見ると、金利が日本よりも高いから魅力的に見えるよ。

だから、銀行や保険の売り場では外貨預金や外貨建ての保険などを扱っていることがあるよ。

そして多くの人は、それを思わず選んじゃうよ。

でも、魅力的だからこそ、長い目で見るとあまり良くない事態になる可能性があるんだ。

本当に必要かどうか、じっくりと考えよう。

★長い目で見ると、「円」も「外貨」も同じだと考えられる

いまの日本の銀行に「円」でお金を預けても（普通の預貯金）お金があまり増えないんだ。でも、外国には金利が高い国がたくさんあるよ、だから、多くの人は「外貨」の預金や保険を持とうと考えるよ。

でも、理論上はそれってあまりお得じゃないんだ。

たとえば、ここに「おもちゃ」があるよ。いまの価格は日本円で100円。金利の高い国では（仮に）1ドルだとするよ。このとき、1ドル＝100円だね。

でも、金利が高い国は、じつは物の値段が上がりやすいんだ。もしも、金利の高い国の物の値段が将来2倍になったらどうなるかな？

日本ではおもちゃが100円のままだとしても、金利が高い国では2ドルになった、とするよ。このとき、1ドル＝50円になっちゃうね。これでは、もしかしたら金利が高くても、損をしてしまうかもしれない。

これはその外貨が魅力的であるほどそうなりやすい可能性があるんだ。

これを「**購買力平価説**」って言うよ。じっくり考えてね。

魅力的に見えても、
長い目で見ると、
「円」も「外貨」も同じ。

購買力平価説のイメージ

金利低い	金利高い
物価上昇率低い 100円 ↓ ○年後100円	物価上昇率高い 1ドル ↓ ○年後2ドル（1円ドル50円） 円高になりやすい

宝くじも競馬も、やるだけ損をするしくみ。

買えば買うほど損をする

名　称	全体の還元率
パチンコ	85％前後
競馬・競輪・競艇（公営ギャンブル）	75％前後
宝くじ	45.7％
保険	40～80％前後

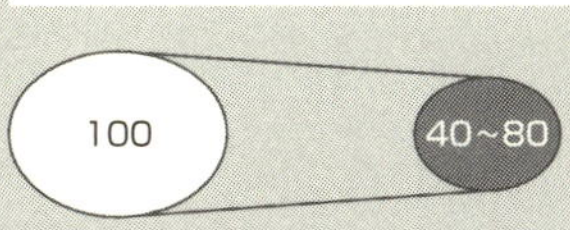

※保険は万が一に「備える」ものであり、悪いものではありません。
お金を「増やす」目的に使うのは、合理的ではないことを理解するのが本旨。

※保険の還元率：参考『「保険のプロ」が生命保険に入らないもっともな理由』（後田 亨著／青春出版社）

Q 宝くじや競馬でも、お金が増えるんじゃない？

28

全体のお金が「減る」ものは、買えば買うほど損をする

宝くじを買うと、ほんの数人が大金持ちになれることがあるよ。

でも、外れる人もいっぱいいる。

じゃあ、クイズだよ。

宝くじは「安全資産？　投機的？　投資？」どれだろう？

正解はどれでもないんだ。

じつは、宝くじは、大多数の人が「ほぼ確実にお金が減る仕組み」なんだよ。

宝くじでは、たぶん君はお金持ちにはなれないから、夢を買うくらいの気持ちでいよう。

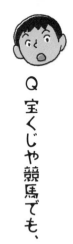

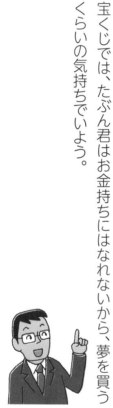

★「コツコツ増える」より、「当たらない大穴」が好きなのが普通

宝くじってスゴイんだ。1等が当たれば、一気に数億円のお金がもらえることがあるよ。だから、もしも、君に1等が当たれば、君はすぐに大金持ちになれる。だから、多くの大人が、夢を見ながら宝くじをたくさん買っているよ。

でも、多くの人が当たらない。もちろん君が一生宝くじを買い続けても、たぶん当たらない。そのくらい確率が低いんだよ。

また、もし大金持ちになっている人が、100億円で宝くじをひとり占めして買ったとする。でも、当たりをひとり占めしても、半分の50億円しかもらえないんだ。

つまり、宝くじは、全部当たったとしても、半分しかお金が返ってこない「やればやるほど、損をしやすいゲーム」なんだ。

バクチだと、全体が増えにくかったけど、それよりもずっと分の悪いゲーム、それが宝くじなんだ。このほかに、パチンコ・競馬・競輪・競艇《きょうてい》なども同じ種類だよ。

もちろん、悪いことではないよ。ただ、やりたいときは、こういう性質があることを納得してからやる方が良いと思うよ。

Q 金（ゴールド）は不況に強くて、安全なんでしょ？

29

金（ゴールド）が安全だとは断言できない

金は、お金の代わりに扱われたり、アクセサリーなどに使われたりすることもある、貴重な金属なんだ。

そして、金の価値は上がることも下がることもあるよ。だからお金を増やすために、金融商品として使われることもあるんだ。

でも、金は、投機的な存在だと考えることもできるよ。

もし金に投資をしたいなら、資産の一部だけにするのが良いと思う。

★金も大豆も性質的には投機的

鉄やプラチナ、大豆などもお金を増やす対象になるよ。これらの投資対象は「株式」や「債券」と違って「商品」と呼ばれることがあるよ。

でも、株式や債券と違って、何も生み出さないいんだ。どういうことだろう?

例えば、君が株式と鉄の塊《かたまり》を買って何十年も持っておくとするよ。株式の場合は、生産に参加しているので、配当や優待といった具合に何かを生み出してくれることがある。でも鉄の塊は、何十年持っても、何も生み出してはくれないいんだ。だから性質的には投機的だと考えることもできるね。

そして、金（ゴールド）というものも、じつは同じような存在なんだ。錆《さ》びないし、お金の代わりに使われることもあるけれど、長期間持っていても、何も生み出してはくれない。

もちろん、金が欲しい人が増えれば価格が上がって儲かることもあるよ。こんな理由で、お金を増やすときには、金は悪くないけれど、資産の中心にはしないほうが良いかもしれないね。

30

売り手のおすすめは「福袋」、だから買わない

君は、おもちゃを買うとき、何を考えているかな？

できるだけ自分の欲しいものを、安く買いたいと思うはずだよね。

そのために、いろいろなおもちゃやお店を見て、比べてから買っていると思う。

金融商品を選ぶときも、じっくりと一つずつ比べてみるのがとても大切だよ。

なぜなら、そのほうがお得になりやすいからだよ。

★よくわからないのは、買わないのが「吉」

お正月とかにお店に行くと「福袋」というものが売っているんだけど、見たことあるかな？　福袋は、大きな袋の中に、いろいろな商品が入っているものだよ。

福袋という名前だから、なんだかステキなものが入っている気がするけれど、本当に自分が欲しいものが入っているかどうかはよく分からないんだ。

ひょっとしたら、去年の売れ残りとか、ふだんは人気がない商品もまとめて入っているかもしれない。

だから、本当に自分にとって必要なものを買うときには、福袋は避けるほうが結果としてお得になることがあるよ。

そして、これは金融商品でも同じなんだ。

銀行や金融機関で売っている金融商品の中には、福袋状態になっているものもたくさんあるんだ。だから、投資に慣れていない大人は「なんだかよく分からないけど、こっちがお得かな？」と思って、ついつい福袋タイプの金融商品を買ってしまうことがあるよ。でも、福袋タイプはちょっと損なことが多いんだ。

31

そもそもシンプルな状態でないと、プロも「よくわからない」

将来、君が金融機関で「まとめてある」金融商品を見つけたら、バラバラにしてほしい。

つまり、まとめてある中身を一つずつ、分析するんだ。

そして、自分に本当に必要なものだけを、理解して、シンプルな状態の金融商品のほうを買うようにしてほしい。

そうするだけで、ずいぶんとお得にお買い物ができるよ。

★欲しいものだけ選んで買う

代表的な福袋タイプの金融商品の一例を挙げると、こんなのがあるよ。

◉貯蓄性のある外貨建ての一時払い終身保険（または個人年金）

なんのことだか、よく分からないね。

これは「貯めたい・増やしたい・万が一の事態に備えたい」といういろいろな気持ちに応えることができる福袋なんだ。

福袋だから、中身もたくさんのお金の仕組みが入っているよ。

これって、ちょっとお得に見えるよね。でも、これをもっとお得に買う方法があるんだ。

それは、福袋の中身をよく見て、いらないものはどけて、一つずつ買うことなんだ。

じつは、福袋の中身をバラバラにしたものが売られているんだ。そしてそれを、必要なものだけ買うことで、全く同じ効果で、少しお得にすることができるんだ。

君に覚えておいてほしいのは、福袋タイプは一見するとお得だけど、別々に買ったほうがもっとお得！　ということだよ。

良いモノと悪いモノが入ってる…
こんな商品があるのですがいかがです？
金融
福袋

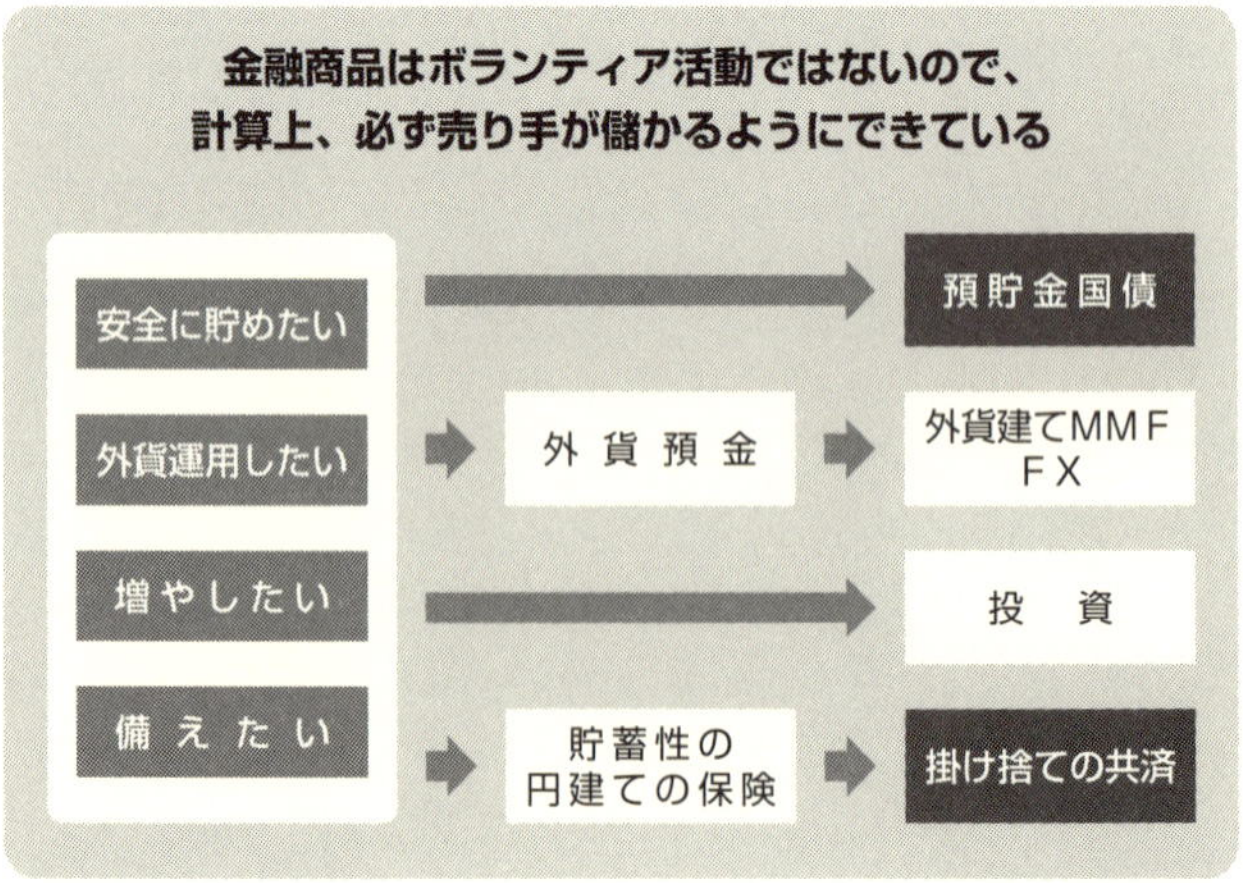
金融商品はボランティア活動ではないので、
計算上、必ず売り手が儲かるようにできている
安全に貯めたい
預貯金国債
外貨運用したい
外貨預金
外貨建てMMF
FX
増やしたい
投資
備えたい
貯蓄性の
円建ての保険
掛け捨ての共済

セットになった商品って、
欲しいものと欲しくないものの
組み合わせになっていることが多いよ。
欲しいものだけ買ったほうが、オトク。

Qじゃあ、売り手のおすすめ商品って、いったいなに？

32

売り手にとって「おすすめ」なのかもしれない

八百屋《やおや》さんや魚屋さんで「おすすめはなんですか？」って聞いたら、多くの場合、新鮮な商品をすすめてくれると思う。

だから、それを選べば君は得をしやすいかもしれないね。

では、金融機関で「おすすめはなんですか？」って聞いたら、どうなるかな？

場所によっては、君が得をしにくい商品をすすめてくることがあるんだ。

だから、選ぶときは、自分で判断することが大切だよ。

★君と売り手は、つねに利益が相反している

君が住んでいる国は、日本だよね。その国のお金のことを監督している場所の一つに「金融庁《きんゆうちょう》」というところがあるよ。そこではフィデューシャリー・デューティーというものをいま、おしすすめているんだ。どういうことだろう?

それは「金融機関さん、みんなのためになるようなことをしようね。自分の儲けばっかりを、優先していたらダメだよ」という内容なんだ。でも、これって当たり前のことだよね。どうして当たり前のことをわざわざ言っていると思う?

その理由は「当たり前のことができていないから」なんだ。

例えば、二つの金融商品が売っているとするよ。普通に考えると、君が得をしやすいほうをおすすめしてくれると、君はうれしいよね。

でも、売っている人も、自社が儲かりたいので君には損をしやすいほうをおすすめしてくることがあるんだ。

商売としては、正しいことだけど、君にとってはあまりうれしくないことなんだ。

だから、相手の言うことをそのまま信じたらいけないよ。

★まとめ★

知っておくと得すること

◎お金を増やす方法には「投資」と「投機」があるよ

◎福袋は一見すると、楽しそう。でも、本当にいいものを見つけるのには適していないよ

◎金融商品を買うときは、一つ一つ比較するクセを持とう

◎自分に有利なものは、自分で探さないといけないよ

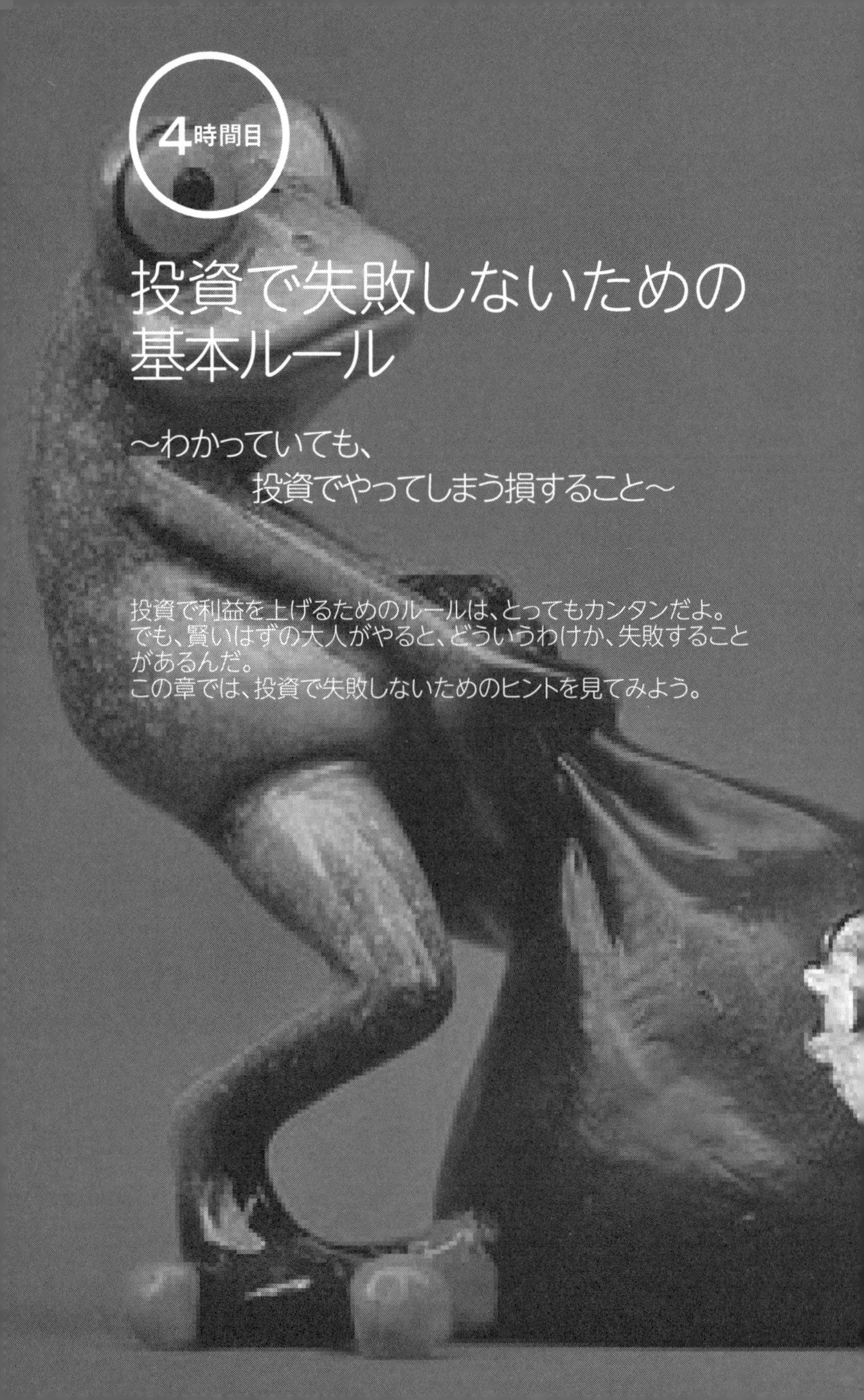

4時間目

投資で失敗しないための基本ルール

～わかっていても、
投資でやってしまう損すること～

投資で利益を上げるためのルールは、とってもカンタンだよ。
でも、賢いはずの大人がやると、どういうわけか、失敗することがあるんだ。
この章では、投資で失敗しないためのヒントを見てみよう。

33

20年とか40年、60年、君が生きている間、ずっとかもしれない

投資には、生産に参加している資産（株式）が適しているよ。

でも、株式投資であっても、1日とか数時間で手放してしまったら、それは、生産に参加できていないのと同じなんだ。

君だって、数時間では身長が伸びないよね？

君と同じく、お金が成長するのにも、20年とか、30年とかの長い時間が必要なんだ。

だから、投資をするときは、数十年かけて行うことを心がけてね。

★君といっしょにお金も成長していく

投資をするには、生産に参加している資産にお金を投じることが大切だったよね。

そして、代表的なものに、株式投資があったね。

じゃあ、株式投資であれば、短期間に買ったり売ったりすれば、きちんとした投資になると思うかな?

じつは、株式投資であっても、数時間とか数日、あるいは数年間では「投機的」になるんだ。どういうことだろう?

例えば、君が算数の勉強を10分だけしたとするよ。君はすごく算数が得意になるかな? あんまりならないよね。それは勉強時間が短くて、君が成長していないからなんだ。

でも、6年間くらいかけて、じっくりと勉強をすれば、算数が得意になると思う。

そして、それはお金も同じなんだ。成長する可能性を秘めている株式投資でも、短い時間でやっていては、成長しない。なぜなら、時間が短すぎて生産に参加できていないからなんだ。あせらずじっくりと取り組もうね。

Q チャート分析をすれば、未来が予測できるんでしょう？

34

チャートで未来が「わかる」ことは「ない」

お金を短い時間で増やしたいときに「過去の値動きを見ると、未来の値動きが分かる方法がある」と言われているよ。

こういうのを「チャート分析」などと呼ぶことがあるよ。

大きな本屋さんに行くと、たくさんの解説本が売られているよ。

でもね、いまでは「チャートで未来の値動きは分からないだろう」って言われているんだ。

残念だけど、過去から未来は予測できないんだ。

★スーパーコンピューターでも法則性は見つけられない

もしも、短期的に株式などの金融商品を売ったり買ったりして、お金を着実に増やすことができるなら、どんなに素晴らしいことだろう。

だから「ひょっとしたら、しっかり分析をしたら、短期的に増やせる方法が分かるかもしれない」と思っちゃうよね。

そんなときに頼りやすいのが、チャート分析と呼ばれるものだよ。これは「過去の値動きの中にたくさんの情報が詰まっていて、それを分析すると、未来の値動きが分かる」という内容なんだ。これって、ホントだったらとってもすごいことだよね。

だって、未来が分かるのなら、誰でも大金持ちになれること間違いなしだから。でも、短期で行うと、お金を奪い合うだけだから、誰かが損をすることになるんだったね。

そして、ここが重要なんだけど、チャート分析はよく調べてみると「たぶん、あてにならない」ことが分かっているんだ。

人間なら、誰でも短期間にお金を大きくしたい、と思うものだけど、チャート分析を過信しては危険だよ。

チャートはあくまでも「結果」。
スパコンでも法則性は見つけられない。

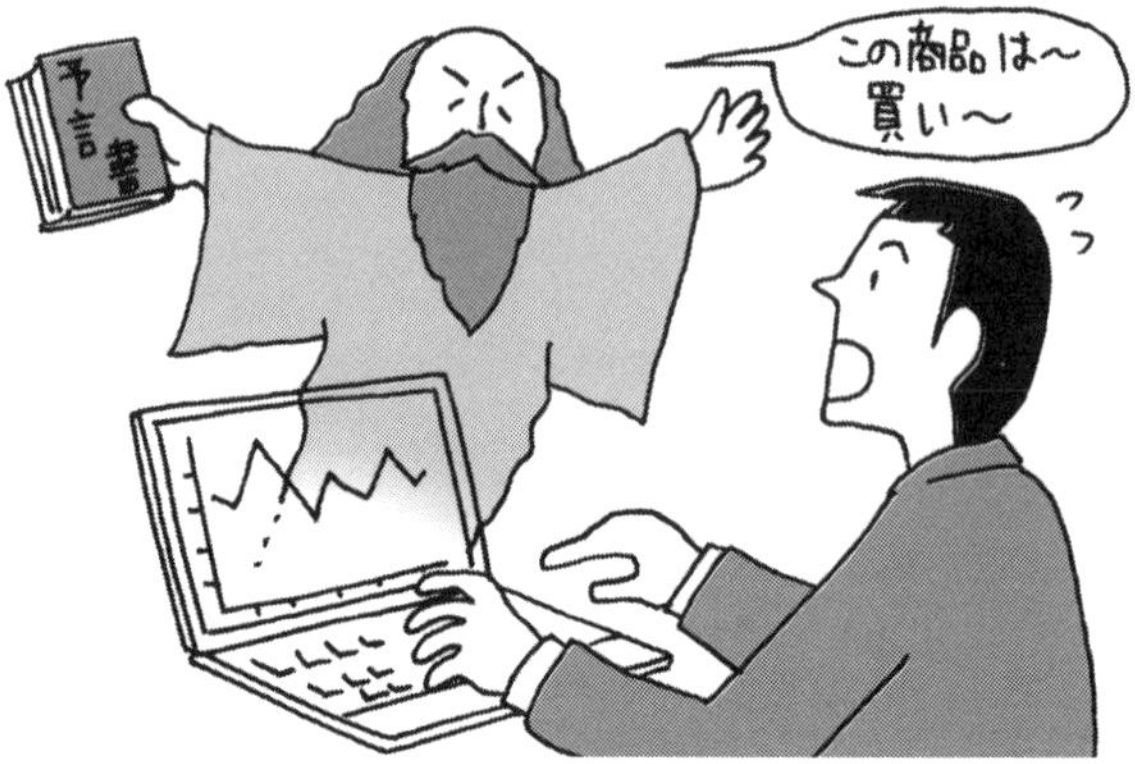

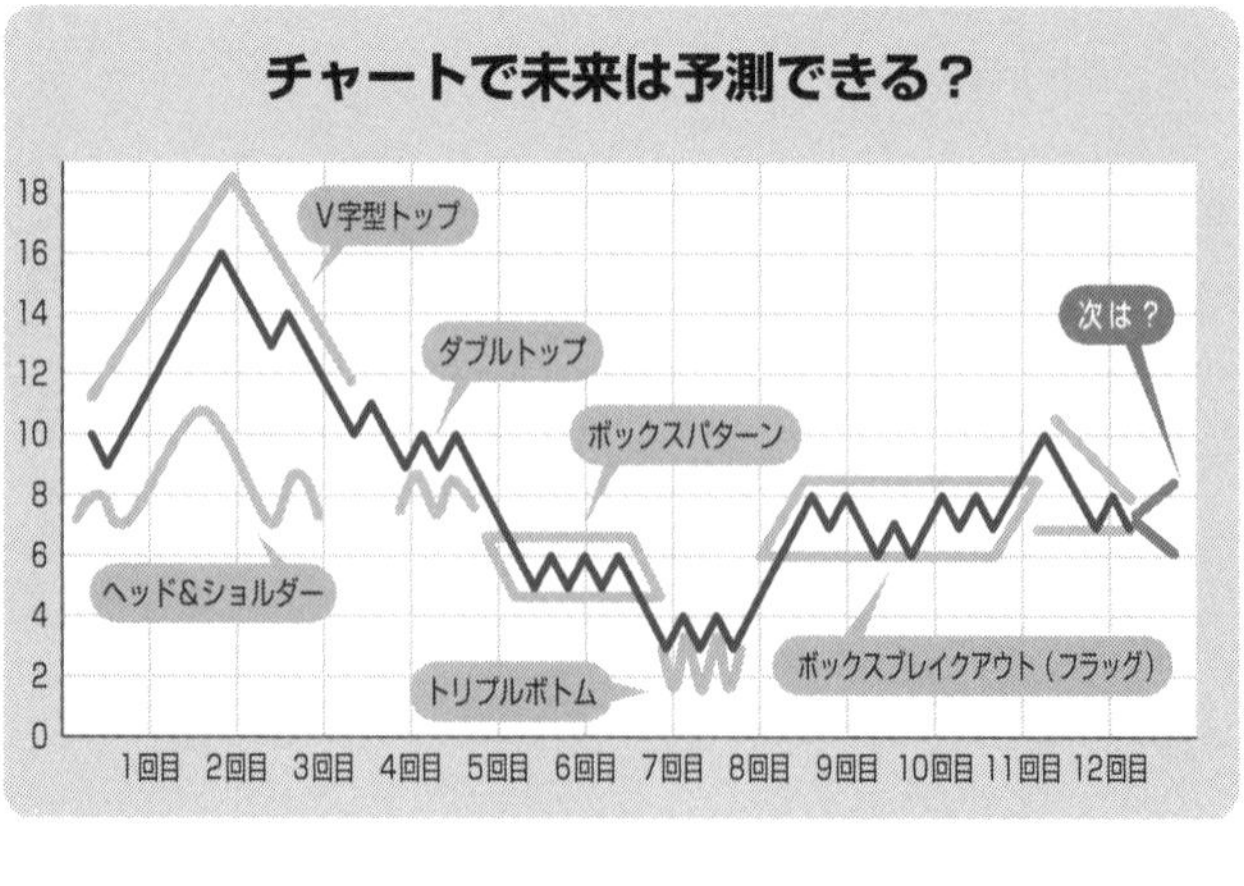

みんなが賢いから、
値動きはランダムになる。

仮にチャート分析が有効（値動きに規則性がある）なら、
賢い参加者によって予言は「破壊」される

1	「ある未来の時間」に価格が上がると予言
2	買えば必ず儲かるので、賢いみんなが買う
3	瞬時に価格が上がる（あらかじめ知っていれば、その前にすでに上がっている）
4	予言の時間のチャートは別の結果になる（当たらない・分からない）
5	予言は正しいがゆえに外れる（ジレンマ）

現実では、情報はすでに価格に織り込まれているという現象が
発生していると思われるので、通用しない。

Q どうしてチャートはあてにならないの？

35

もしもチャートがあてになるなら、あてになるから、あてにならない

チャート分析は、あてにならないんだけど、大人でも「当たる」と信じている人はいるよ。

ちなみに、もしもチャート分析が正しくて、しっかりと未来の値動きが分かったとすると、賢いみんなが同じように売ったり買ったりをするよね。

すると、未来が変わっちゃうんだ。

だから、やっぱり当たらない。

つまり、短期間での株などの値動きは、フラフラしていて、誰にも正確に分からないってこと。

★みんなが賢いかぎり、値動きはいつもランダム

株式市場では、賢い人が一生懸命にお金を増やそうとがんばっていろいろな分析をしているんだ。だからみんな真剣。言い換えれば、「みんな賢い」とも言えるかもしれないね。でも、みんなが賢い中で、もしもチャート分析が正しいとしたら、どうなるかな？　きっと次のようになると思う。

◉チャート分析により、３日後に株価が上がると分かる
◉いま買えば必ず儲かるので、みんなが買う
◉すると、すぐに株価は上がり、チャートの形が変わってしまう
◉３日後のチャート分析はまた違う結果になってしまう
◉結果としてチャート分析が正しかったとしても、みんなが賢いのでチャート分析は当たらない

こんなふうに、不思議なことが起こってしまうんだ。だから、チャート分析はあてにならないんだ。つまり、短期的に未来の株価などを予測して、着実にお金を増やし続けることは、誰にもできないということなんだよ。

Qチャートが当たるときもあるでしょ? これって法則でしょ?

36

グーチョキパーの手順で連勝しても、それは「法則」にはならない

こんなふうに、チャート分析はあてにならないんだ。

それでも、現実にはチャート分析の結果が当たっているように見えることがあるんだ。

また、実際にチャート分析でお金を大きく増やすことに成功した人もいるよ。

でも、それはあくまでも、偶然そうなっただけなんだ。

そういう偶然をたくさん集めても、未来が必ずそうなる、とは言えないし、君が成功するとも限らないよね。

★「いま」から「過去」をふり返れば、誰でも正解がわかる気になる

また、チャート分析が当たることも現実にはあるよ。でもそれは、たまたまそうなっただけなんだ。例えば、コイン投げで考えてみよう。

コインには表と裏があるよね。そして、表と裏の出る可能性は、投げれば投げるほど2分の1ずつに近づいていくんだ。そして、次に投げたコインが表になるか、裏になるかの確率はずっと2分の1なんだ。

でも、実際にコインを投げてみると、表が連続で3回出た後に裏が2回連続で出たりすることが何度かあるものなんだ。

でも、それだけで「表が連続で3回出た後は、必ず裏が2回連続で出る」という法則があるとは、言えないよね。

それは、たまたまそうなっただけであり、偶然の産物に無理やり人が「こうなってほしい」という想いを付けただけなんだ。

投資でも、コイン投げみたいにランダムな動きをする金融商品に、まるで法則性があるかのようにいうのは、ちょっと無理があると思うんだ。君はどう思うかな？

37

儲かるルールは「安く買って、高く売る」これだけ

金融商品の売買で利益を上げる方法は、じつはとってもカンタンなんだ。

◉安いときに買って、高いときに売る

これだけ。カンタンだね。

そして、損をするのもとってもカンタンな仕組みなんだよ。

◉高いときに買って、安いときに売る

これだけ。カンタンだよね。

でもね、こんなにカンタンなことだけど、大人になると、難しくなるんだよ。

ウソみたいだけど、ホントなんだ。

★お金持ちになるなら、このルールを守ろう

投資で利益を上げる基本的なルールは「安く買って、高く売ること」なんだよ。

例えば、株式を100万円のときに買って、120万円のときに売ると、その差額の20万円が利益になるよ（手数料や税金などが別途かかります）。

そして、反対に、120万円のときに買って、100万円のときに売ると、20万円の損になるんだ。

このルールは金額が増えても、投資の期間が長くなっても、基本的に同じことなんだ。とっても簡単なルールだよね。たぶん、君がふだんやっているゲームよりも簡単なルールじゃないかな？　だから、賢い大人なら、きっとみんな株式などを「安く買って、高く売る」ことができる、と思うよね。

でも、じつはそうでもないんだ。ちょっと困ったことに、大人は「安く買って、高く売る」ことがとっても苦手なんだ。苦手どころか、ついつい「高く買って、安く売る」ということをしてしまいがちなんだよ。不思議だよね。

君に覚えてほしいのは「安く買って、高く売る」だよ。

38

「損をしたくない」から「損をしてしまう」

ボクとジャンケンをして、君が勝ったら、君に６００円をあげよう。でも、君が負けたら、君はボクに５００円を払わないといけないよ。

さあ、君はボクとジャンケンをする？　しない？

この質問には、多くの人は「しない」って答えるんだ。

なぜだろう？

それは、人は「損をしたくない」という気持ちのほうが強いからなんだ。

★やればやるほど「得する」ゲームでも、やりたくないのが普通

君はたぶん「損をするよりは得をしたい」と考えていると思う。それは、とっても健全な考え方だと思うよ。でも、多くの人は「損をしたくない」という気持ちと「得をしたい」という気持ちが大きく違うんだ。どういうことだろう？

例えば「勝つと600円もらえて、負けると500円損する」ゲームについては、多くの人がしたくないんだ。

でも「勝つと600円もらえて、負けると200円損する」というゲームだと、今度は多くの人がやりたくなるよ。

これって、ちょっと不思議だよね。だって、どっちをしても、勝ったときの得は600円なのに、気持ちが変わっちゃう。それは、なぜだろう？　それは、人には「得をしたい」気持ちよりも「損をしたくない」という気持ちのほうが1・5〜2・5倍くらい強いという不思議なクセがあるからなんだ。

そしてじつは、このクセがあるからこそ、大人が投資をすると「安く買って、高く売る」と反対のこと（高く買って、安く売る）をしやすくなってしまうんだ。

人と同じことをやりたくない！
自分だけ儲けたい！

自分だけ行くのは不安！
みんながやってるから大丈夫！

プロスペクト理論：1979 年　ダニエル・カーネマン、エイモス・トベルスキー
ダニエル・カーネマン　2002 年 ノーベル経済学賞受賞

お金のてんびんが最初からずれているのが普通

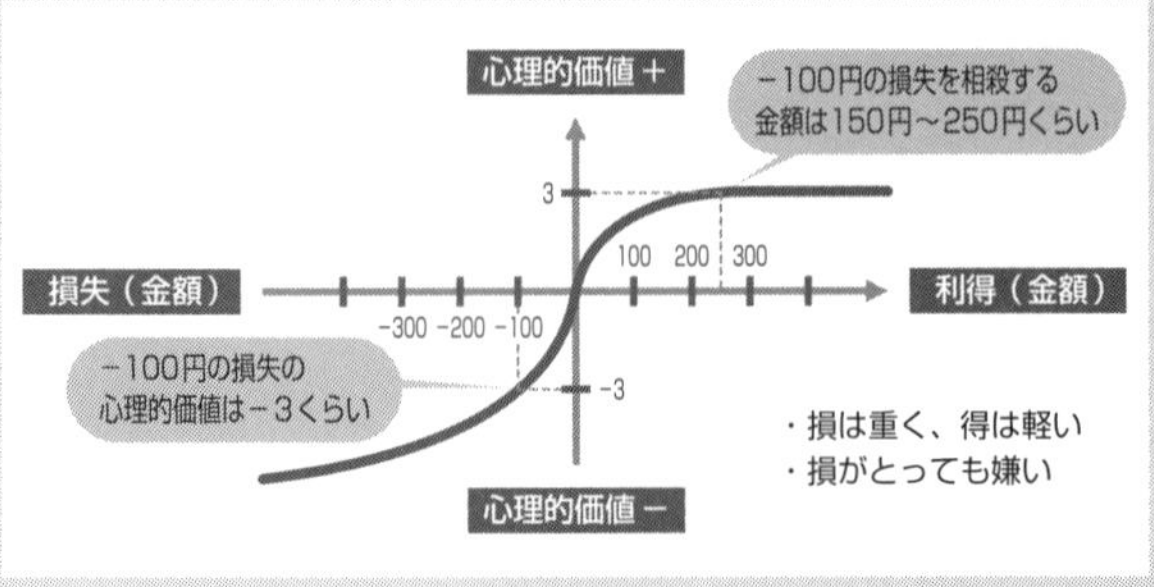

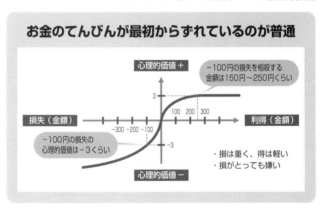

そっちに行くと
損するよ！
得
わかっちゃ
いるけど…

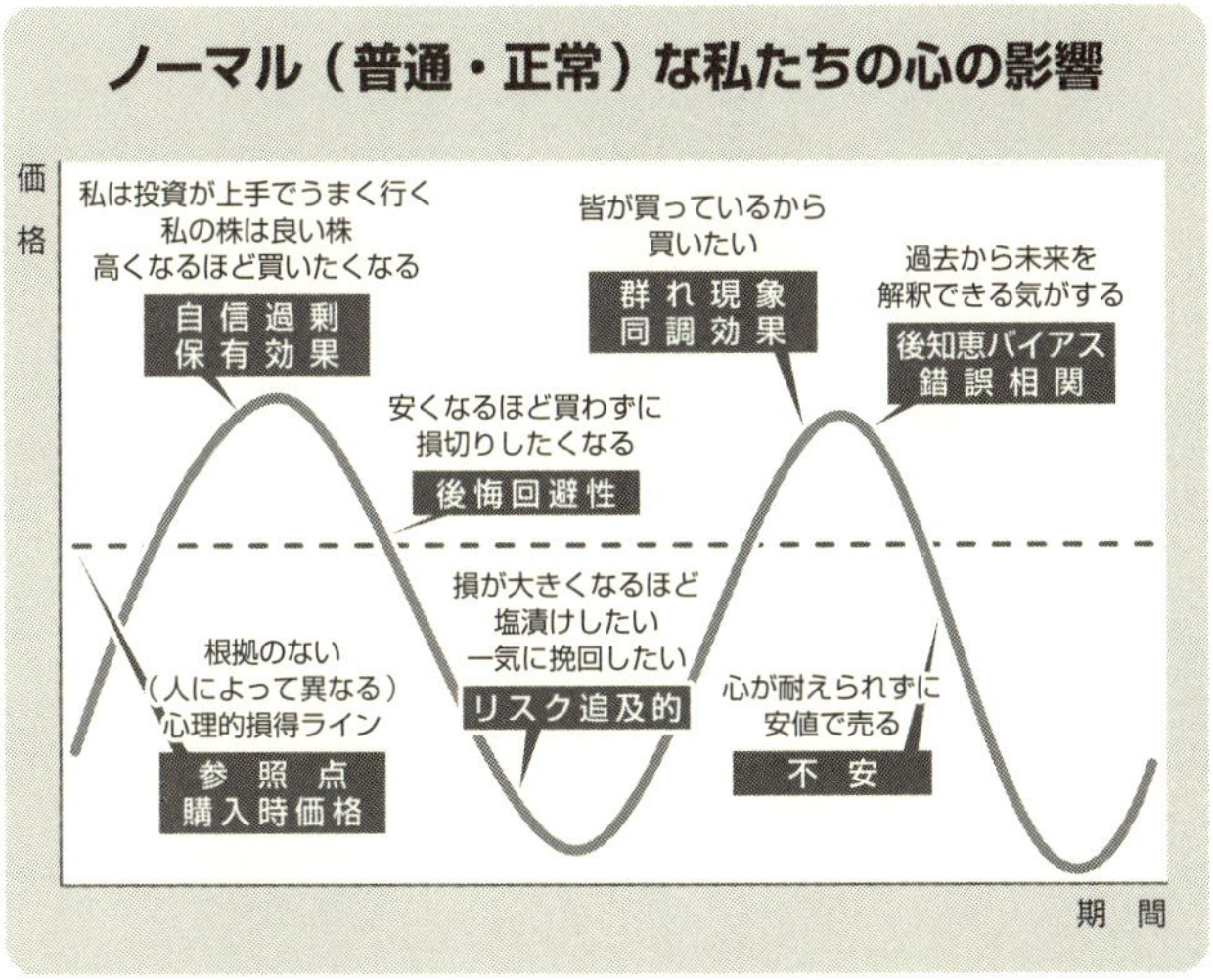

ノーマル（普通・正常）な私たちの心の影響
価格
私は投資が上手でうまく行く
私の株は良い株
高くなるほど買いたくなる
自信過剰
保有効果
安くなるほど買わずに
損切りしたくなる
後悔回避性
皆が買っているから
買いたい
群れ現象
同調効果
過去から未来を
解釈できる気がする
後知恵バイアス
錯誤相関
根拠のない
（人によって異なる）
心理的損得ライン
参照点
購入時価格
損が大きくなるほど
塩漬けしたい
一気に挽回したい
リスク追及的
心が耐えられずに
安値で売る
不安
期間

Q ボクは「変なコト」しない自信があるよ?

39

投資に自信があるなら、すでに危険信号

損をするのがとてもイヤだからこそ、逆に高く買って、安く売っちゃうんだ。

大人が投資で損をするのは、例えば、こんなときだよ。

◉高くなってくると「もっと買いたい」と思って高く買う

◉安くなってくると「損するかもしれない」と思って安く売る

◉安くなっていても「なんだか怖い」と思って安く買えない

◉みんなが買っていると「早く買わなきゃ」と思って高く買う

不思議だけど、よくあるんだ。

★値動きはランダム、だから「自信がある」のはおかしい

投資で損をする人は、たくさんいるよ。でも、あらかじめ「損する方法」を知っておいたら、防げるかもしれないね。一例を見てみよう。

◉自分に自信がありすぎる

自信があるのは良いけれど、短期的な値動きは誰にも分からないんだ。(根拠のない)自信を持って売買をするのは危険だよ。

◉もう後悔したくない

投資の経験が増えるほどに「あのとき、ああしておけば良かった」と後悔しちゃう。結果として、変なタイミングで変な行動をしてしまうことがあるよ。

◉みんなと同じことがしたい(同じだと安心する)

多くの人が「高くなると買い、安くなると売っちゃう」んだ。変なことだとは思うけど、みんなと同じ行動をしているから、つい安心して同じ行動をしてしまうことがあるよ。どれも、不思議な行動だね。でも誰でもこんなヘンテコな行動をしてしまう。だから自分を過信してはいけないよ。

40

お金が必要になるまで、売る必要はない

人は、ついつい目先のお金が欲しくなって、こまめに売り買いしてしまいたくなるんだ。

でもね、本当は多くの人にとっては、こまめに売る必要はないことが多いんだ。

なぜなら「売らないといけないとき」って「お金が必要なとき」だから。

つまり、働いている人は、基本的に売る必要がないんだ。

だから、あせって売らないようにすると、長い期間の投資になりやすくなるよ。

★「本当の売り時」より「売買したくなる」欲求が強い

ちょっと利益が出ると、ついその金融商品を売って、利益を手に入れたくなってしまうのが人なんだ。でもそれは、多くの人にとっては、無意味な行動かもしれない。どういうことかな？

例えば、いまが3時で「おやつ」と「夕ごはん」がテーブルの上にあるとするよ。君はどっちを食べる？　3時だから、おやつを食べればいいよね。夕ごはんは後で食べればいい。もしも、欲張っておやつと夕ごはんの両方を食べちゃうと、夜におなかがすいて君が困っちゃうよね。とっても当たり前のことだよね。

これは、お金でも同じことなんだ。「おやつ＝お給料」で「夕ごはん＝投資の利益」だよ。

お給料を得ている人は、毎月そのお給料（おやつ）で生活できるから、投資の利益（夕ごはん）を使う必要はないんだ。でも、人って面白いもので、つい、目先のお金（夕ごはん）が欲しくなって売っちゃうんだ。でもそれは欲張りすぎ（食べすぎ）なんだ。後で自分が困るから、それまで売らないほうが良いよ。

Q まだお金が貯まってないから投資できないよね？

41

今お金がなくてもお金持ちになれる。それが積立投資

まとまったお金がない人は、毎月コツコツと少ない金額を、投資に回すといいよ。

そうすると、自然と資産が形成されていくからね。

こういうのを積立投資っていうよ。

特に、自分の気持ちを入れすぎちゃう人（考えすぎて、高く買って安く売っちゃう人）にとっては、積立投資は向いているかもしれないね。

大切なのは早く始めて、長く続けることだよ。

★積立投資は最高の投資方法のひとつ

大人に多いんだけど、お金を増やす方法の話をすると「私にはお金がないから無理よ」って言う人がいるんだ。でもこれって、とってもおかしな話だと思う。

だって、まとまったお金が「いま」ない人こそ、将来に備えてお金を増やさないといけないと思うんだ。そうしないと、後で自分が困るからね。

また、まとまったお金がないから投資ができないこともないんだ。じつは、投資というのは、毎月、少しずつでも行うことができるんだ。その方法を「積立投資」っていうよ。

これは、積み木を重ねていくみたいに、毎月、少しずつ株式などの金融商品を買っていくんだ。そうすると、数十年などがたつと、大きなお金（資産）になっていることがあるんだ。だから「いま」お金がない人は、毎月コツコツと積立投資をして将来に備えておくといいよ。

そして、君が働き始めたら、少額でいいから、すぐに積立投資に取り組むようにするとより良いと思う。

42

ずっと調子の良い投資対象は、あり得ない

まとまったお金がない人には、毎月コツコツと積立投資をするのがいいんだけど、中には投資対象を分けないで、集中して投資をしてしまう人がいるよ。

でも、そんなふうに集中して投資をしていると、その投資対象に「何かタイヘンなこと」が起こった場合に、君もタイヘンな思いをすることになっちゃう。

だから、積立をするときは、投資対象を分けておくことが大切なんだよ。

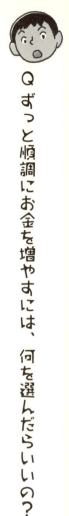

★君が何を選んでも、将来「必ず」損する日は来る

じつは「ずっと調子の良い投資対象」というのはないんだ。投資をすると、得をしたり損したりを繰り返すのが普通だよ（だから長期で成長する株式などの投資対象を選ぶことが大切）。

だから、積立投資をしても、投資対象を分散（分けること）していないと、損をしたときに、君の心（気持ち）がとってもショックを受けてしまうんだ。

ショックを受けると、どうなると思う？

多くの人は、そのショックがイヤだから「もう逃げたい・損をしてもいいから売りたい」と思ってしまうよ。つまり「高く買って、安く売っちゃう」んだね。でも、これではお金が増えないね。

だからできるだけショックをやわらげないといけないよね。

どうしたらいいと思う？　その方法が分散なんだ。いろいろな投資対象に分散投資しておくと、自然とショックがやわらぐようになるんだ。

君も積立投資をするときは、分散しようね。

Q まとまったお金が入ったときはどうしたらいいかな？

43

理論上は「まとめて」やったほうがいいときもあるけど…慎重に

積立投資はまとまったお金がなくてもできるんだけど、それがいつでも・誰にでも一番良い方法とは限らないよ。

例えば君が将来、大きなお金を手に入れたとしよう。

そのときは、コツコツと積立投資をするよりも、まとめて投資をしたほうが、お金がより大きくなることもあるんだ。

「積立」と「まとめて」どっちが良いかな？

このことは、そのときに、君が自分で考えないといけないよ。

★高いときに「まとめて」やると、大損することもある

君が将来、まとまった大きなお金を手に入れることがあるかもしれないね。そんなとき、どう考えたらいいかな？

例えば1000万円を手に入れたとしよう。こんな大きなお金でも、もちろん積立投資をすることができるよ。でも、積立投資がいつでも良いワケじゃあないんだよ。

例えば毎月2万円ずつ、積立投資に回すと、1000万円全部を投資し終えるまでに、40年以上かかってしまうんだ。そんなに長い時間をかけるのは、けっこうもったいない気もするよ。

どうしてかというと、40年間「何もしないお金」がいることになってしまうからなんだ。つまり、お金がサボっているんだね。お金にも働いてもらって、大きくなってほしいよね。そのため、まとまったお金があるときは、積立投資をするよりも、1000万円全部をまとめて（長期で分散した状態で）投資したほうが、より良い結果になりやすいかもしれないんだ。

君が大きなお金を手にしたら、どっちがより良いかを自分でじっくり考えてね。

★まとめ★

知っておくと得すること

◎投資は20年以上の長い時間で行うと良いよ

◎チャート分析で未来の株価は分からないよ

◎お金を増やす基本は「安いときに買って、高いときに売る」だよ

◎普通の人こそ、損をするのが嫌いだから、ついつい基本と反対なことをしやすいんだ

◎長期投資では基本的に、売るのはお金が必要なときだよ

◎自分で変なことをするよりは積立投資が良いときもあるよ

5時間目

「リスク」と「リターン」が勝敗を分ける

～この基本を知らないことで、
失敗している人が大半～

お金を増やすための考え方として、リスクと期待リターンについて知っておくのは、とっても大切なことなんだよ。
リスクとリターンって聞くと、なんだか難しいような気がするけれど、その内容はけっこうカンタンだから、安心してね。

Q リスクって「キケン」というコトでしょ？

44

投資のリスクは「危ない」ではなく、「値動きの幅、ばらつき」のこと

投資の世界では「リスク」と「期待リターン」が大切だよ。

リスクとは、1年間などの短期間における値動きの幅のことだよ。

例えば、大きく値段が変わる金融商品は「リスクが大きい」っていうこと。

そして、期待リターンとは、「長期間それに投資をすると、たぶんこのくらい増える」っていう見返りのことだよ。

文字通り、確実なことではなくて「期待」だね。

★リターンとは、過去の成長率から見た「今後期待される成長率」

君がある金融商品を買ったとするよ。すると、上下に価格が動くんだ。これをリスクというよ。つまり、価格の振れ幅のことがリスクなんだね。

そして、過去20年などの長い期間で見た成長率のことを、期待リターンというんだ。これは「未来のことは分からないけど、過去から見た場合はこうだったから、たぶん今後はこのくらいの成長率になると期待される」という意味合いだよ。

ちょっと分かりにくいかな？　では君で例えてみようね。

例えば、リスクは君のテストの点数で、期待リターンは君の知識の多さのことだよ。テストの点は良いときも悪いときもあるよね。つまり、点に振れ幅があるんだ。この振れ幅がリスクだよ。

そして、テストの点が良くても悪くても、長い期間で見ると、君は成長しているから、知識は増えていくよね。これが期待リターンだよ。

勉強していれば、君に必ずこれだけの知識が増える、とは言えないけれど、たぶん増えると期待できるよね。

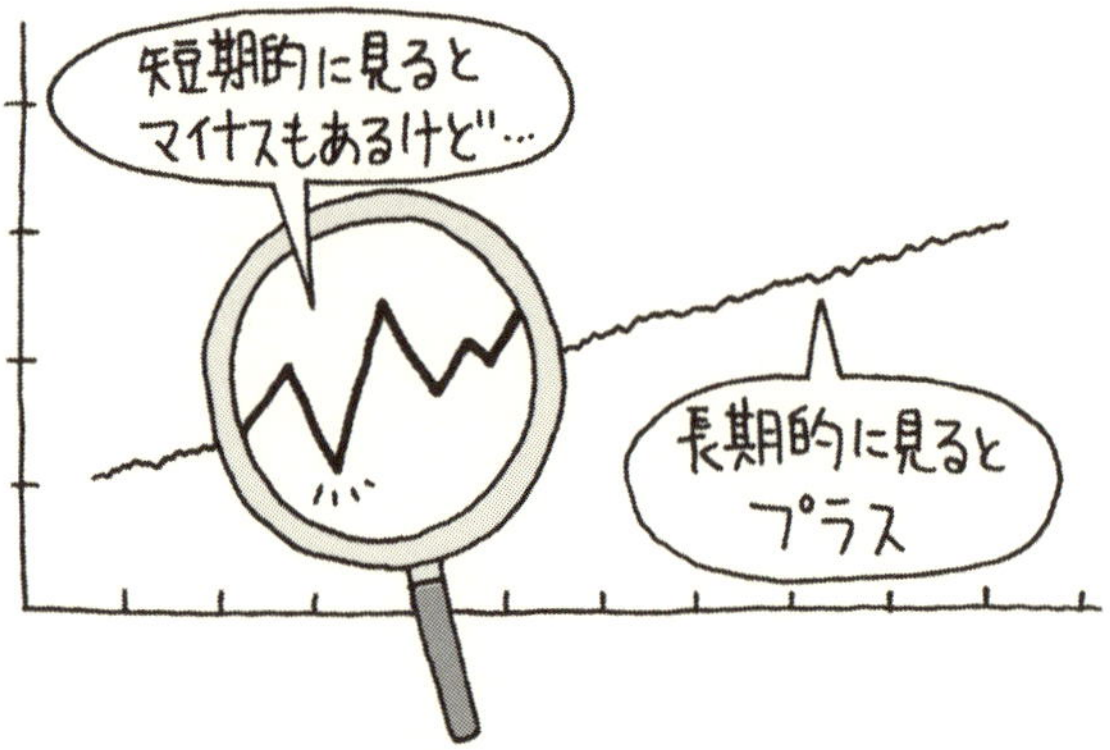

「リスク」は短期の値動きの幅、
「リターン」は長期的に見て期待できる見返り。

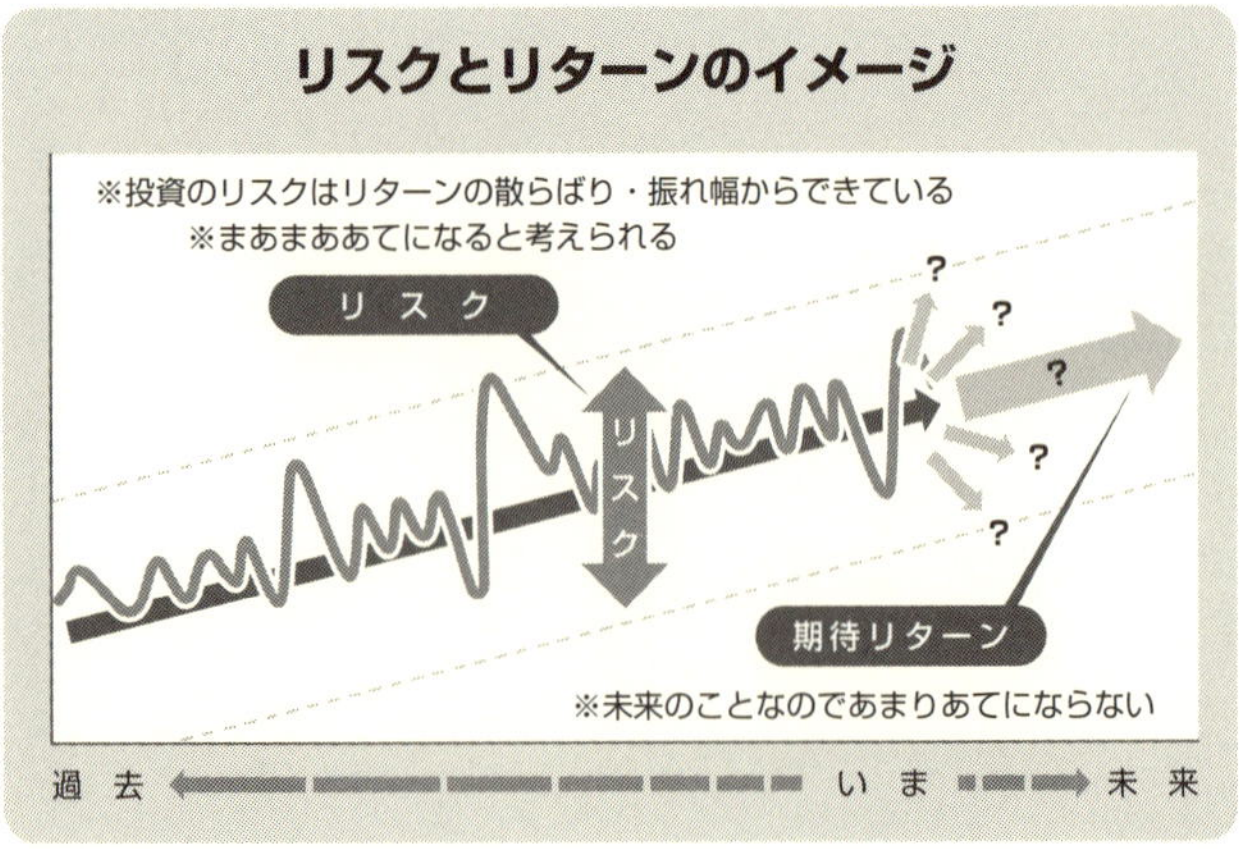

リスクとリターンの2タイプ

※図はイメージ

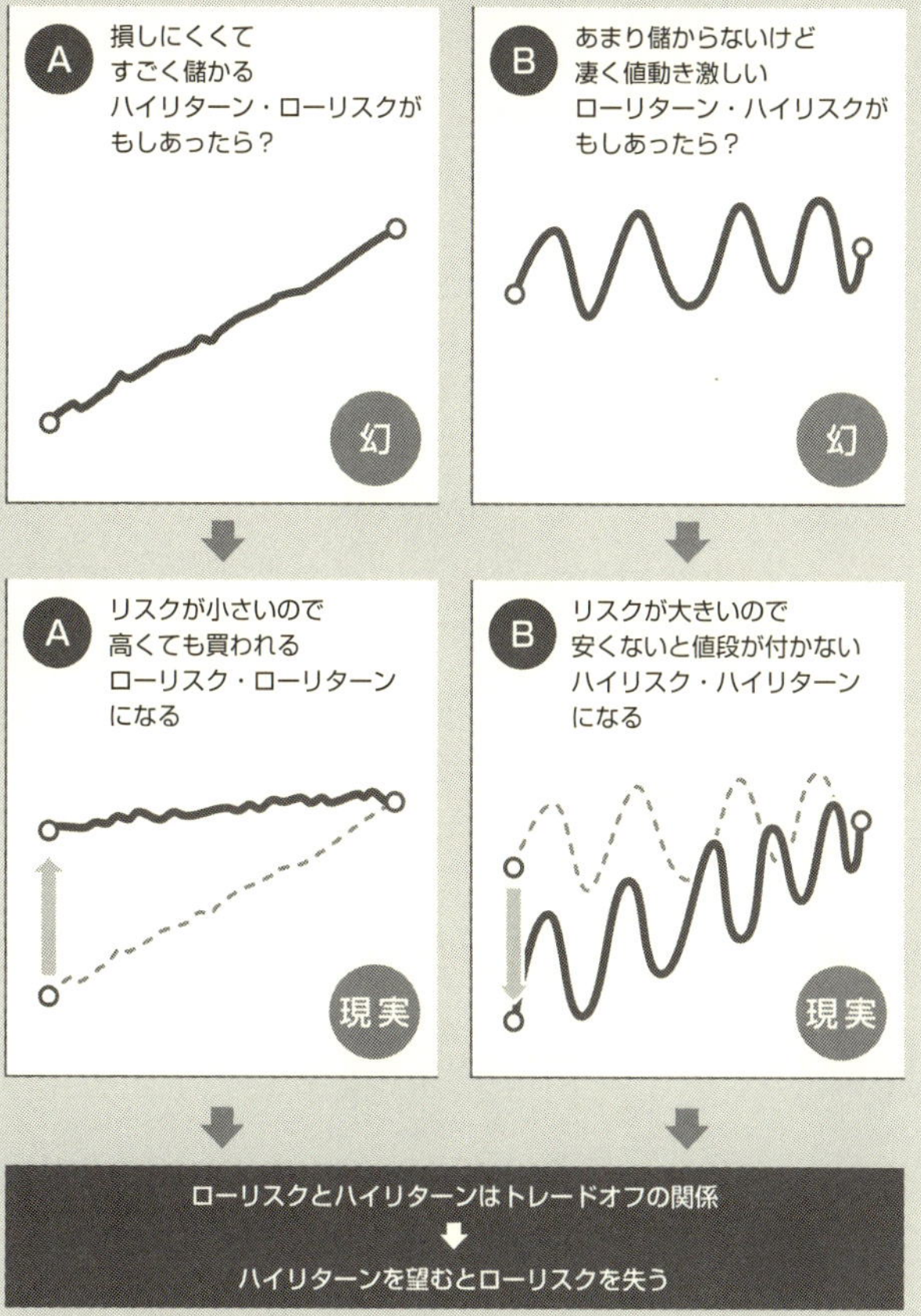

Q リスクの小さい商品ばっかり買えば安全でしょ？

45

リスクの小さい商品だけでは、長期でもお金持ちにはなれない可能性大

大人はね、大きなリスクが嫌いで、大きなリターンが好きなんだ。

だから、リスクが小さくて、大きなリターンを狙《ねら》える金融商品を買いたい、と思っているよ。

でも、じつはリスクとリターンはだいたいバランスが取れるようにできているんだ。

だから、もし君がリスクが低くてリターンが大きいように見える金融商品を見つけたら、それが正しいのかどうか、きちんと調べるようにしてね。

★リスクとリターンはだいたい比例するようにできている

リスクとリターンには面白い特徴があるんだ。

それは、リスクが高いとリターンも高い傾向があって、反対に、リスクが低いとリターンも低い傾向があるっていうこと。

これはどういうことかな？　また君で例えてみよう。

例えば君が毎日、勉強で難しい問題に挑戦しているとするよ。そうすると、テストが難しいから、悪い点数だったり、良い点数だったりして、テストの点数の幅が大きくなるよね。つまりリスクが大きい。でも、難しい問題だから、君の知識はどんどん増えるよね。すなわち、リターンも大きいんだ。

反対に、君が毎日、簡単な問題ばかりを解いていると、簡単だからテストの点数の幅は小さい。つまり、リスクは小さい。でも、簡単な問題だから、君の知識は増えない。つまり、リターンも小さいんだ。

投資でも同じような感じだよ。

つまり、高いリターンが欲しい人なら、高いリスクを背負《せお》わないといけないんだね。

Q リスクが高いって聞くだけで、イヤになるんだけど？

46

ラクなほうばかり選ぶと、未来の君が困る

イヤなことは、誰だって、できれば避けたいよね。

でも、苦しいことや、つらいことに立ち向かうと「いいこと」が起こることもあるよね。

それはお金の世界でも、同じなんだ。

つまり、みんながイヤがるリスクを背負うと「いいこと」が起こることがあるんだ。

だから、もし君がお金を大きく増やしたいなら、それなりのリスクを背負わないといけない、ということなんだよ。

★お金持ちは、きちんとリスクと向き合う

さっきも見たように、リスクとリターンはだいたい比例するという性格があるんだ。

それはどういうことかというと、リスクが大きいもの（例えば株式投資）が多くの人はイヤだから、それはあまり高い値段で買わないということ。買わないということは、少し安いということ。

でも成長した場合には、リスクが低いものよりも安かったから、大きなリターンが得られる、ということだよ。

カンタンに言うと、リスクが高い金融商品（株式など）に投資をすると、リスクが低い金融商品よりもお金が増えやすい傾向にある、ということなんだ。

だから「お金を大きく増やしたい」と思っている人が「リスクがイヤ」だから、リスクの低いもの（例えば債券投資）ばかりに投資していたら、思ったよりお金が増えにくいかもしれない。

お金の世界でも「イヤでも、きちんと正面から向き合わないといけない」ことはある、ということだね。

47

投資対象を分散するだけで「イヤなこと」は減る

みんながイヤがることを引き受けると「いいこと」が起こることがあるけど、なんでも引き受ければ「いいこと」が起こるわけじゃあないんだ。

例えば、「とてもイヤなことを引き受けたのに、あまりいいことが起こらない」っていうことが起こり得るんだ。

これを防ぐには、どうしたらいいかな？

それは、分散することだよ。

投資をするときは、投資対象を分散しようね。

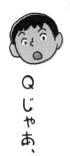

★誰でもできるリスクの減らし方

株式投資では、分散することが大切なんだ。

なぜかというと、分散をすると、リスクが下がるという性質があるからなんだ。

でも賢い君なら「リスクが下がると、リターンも下がるから、あんまり分散しないほうがいいんじゃないの？」と思うかもしれないね。

でも、次の二つの状態では、リターンが同じくらいになるだろうと考えられるんだ。
①あんまり分散していない（リスクが高い）状態
②しっかり分散できている（リスクが低い）状態
不思議だね。なんでだと思う？　それは、分散をすれば簡単に打ち消すことができるリスクに対しては「いいこと」を期待できないとみんなが思っているからなんだ。

だから、リスクを背負って「いいこと」がきちんと起こるのは、②のしっかり分散できている状態のリスクだけ、ということだね。別の言い方をすると、①は②と同じくらいの「いいこと」なのに①のほうが「イヤなこと」が多い、ということだね。

だから②のしっかり分散したほうが良い、ということになるね。

分散すると、
「いいこと」は同じくらい、
「イヤなこと」が少なくなる。

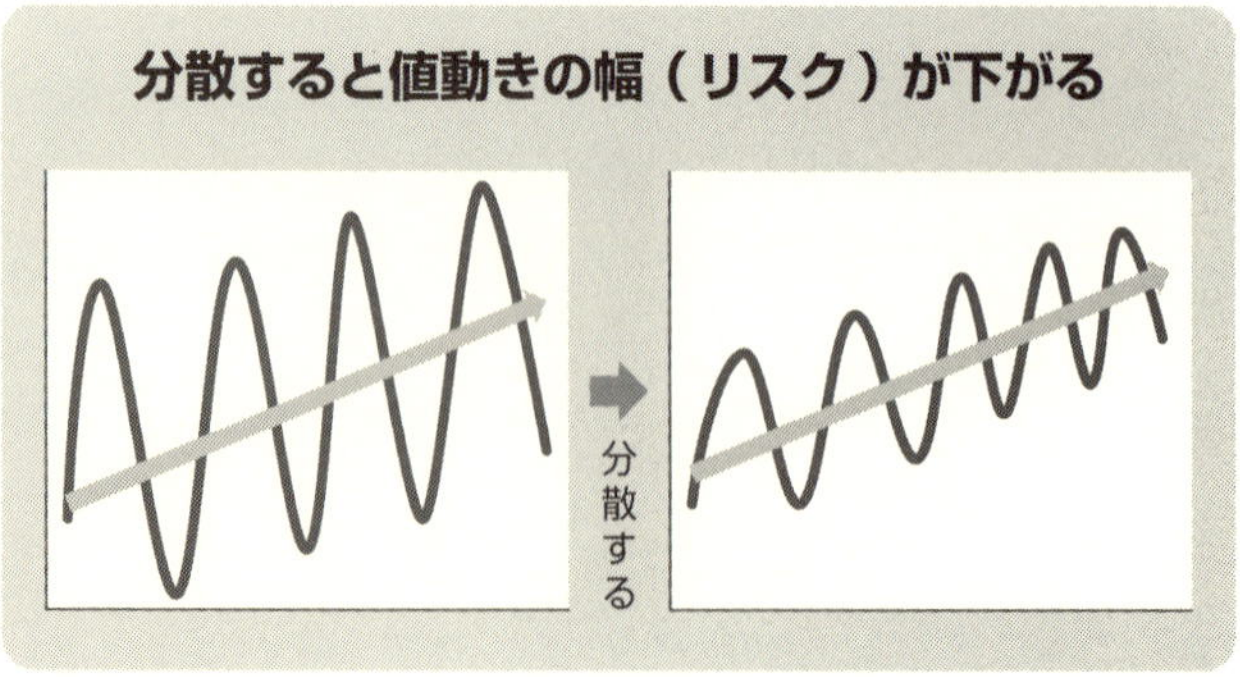

投資するには「コスト」がかかる。
利益が 10 万でもコストが 5 万と、
利益が 8 万でコストが 2 万なら、
どっちがお得？

48

コストをかけるほど、お金は増えにくくなってしまう

Q 投資するのに、コストをかけるといいことあるよね？

君が欲しいおもちゃが、次の二つのお店で売っているよ。

どっちのお店で買ったほうがお得かな？

Ⓐ店：300円　交通費ゼロ円
Ⓑ店：200円　バス代300円

パッと見ると、Ⓑ店のほうがおもちゃが安いね。でもバス代がかかるから、全部で500円もかかってしまう。

だからⒶ店で買うほうが安いことになるね。

こんなふうに、全部でいくらになるかが大切なんだ。

★「全部でいくらかかるか」で儲けも違ってくる

全く同じものを買うのであれば、安いほうが当然良いよね。

そして、お金を上手に使うには「全部でいくら」かかるのかな？　と考えることがとっても大切だよ。そして、その上でお得なほうを選ぶことが大切なんだ。

これは投資の世界でも、同じことなんだ。

金融商品を買うときに、気を付けたいのが「コスト」と呼ばれる存在なんだ。コストとは、いわばバス代みたいなものだよ。コストは、お金を増やそうとするいろんなときにかかるお金のことだよ。例えばこんな感じだよ。

◉金融商品を買うとき

◉持っている間

◉売るとき

こんな感じだね。そして、同じような商品でもコストは、お店によって高かったり安かったりするんだ。同じものなら、安いほうが断然お得だね。だから、金融商品を買うときは、コストが安いほうから選ぶのが大切だよ。

49

お金が2倍に増えるまでに、数十年の差がつくことも

背負って「いいこと」があるのは（分散されてある程度低い状態の）「リスク」だったね。

じゃあ、コストは？

コストはただのバス代みたいなものだから、コストを背負ってもいいことはないよね。

それどころか、コストが高くなるほど、お得じゃなくなってしまうよね。

だからお金を増やすときは、コストが安いかどうかを気にしてね。

★全く同じ金融商品でも、コストが高いほうが実質的な運用成績が悪くなる

コストは安ければ安いほどいいんだ。なぜだろう？　それは、コストが高くても、良いことは全くないからなんだ。大人の中には「コストが高いから、良いことがあるだろう」と思っている人がいるけど、そんなことはないよ。

ちょっと計算してみようね。

ここに、過去の年間平均リターンが5％の全く同じ金融商品があるとするよ。そして、Ⓐ店ではコストが0・2％、Ⓑ店ではコストが1・5％で売っていたとするよ。では、過去のそれぞれの実質的なリターンがいくらになったか、見てみよう。

Ⓐ店：5％－0・2％＝4・8％

Ⓑ店：5％－1・5％＝3・5％

どうかな？　全く同じ金融商品でも、コストが高いほうが実質的な運用成績が悪くなることが分かったね。複利で運用した場合、お金が2倍になるのに、Ⓐは15年Ⓑは20年かかるよ。大切なことだから、もう一度言うね。コストが高くても、良いことが起こるということはないよ。

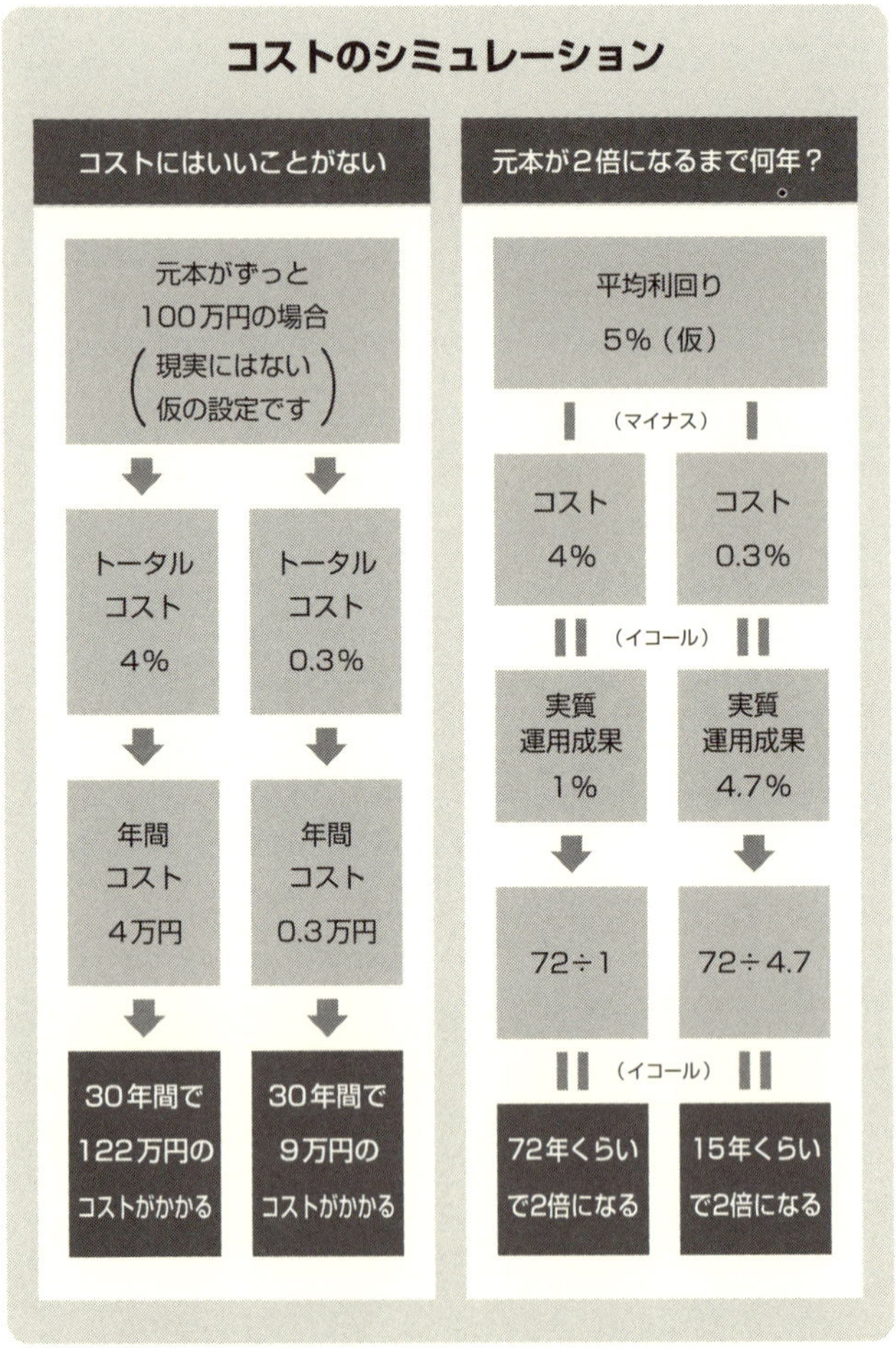

「72÷ 実質運用成果」を行うと、複利運用（雪だるま式）で運用をした場合に、何年で２倍になるかがわかります。

リターンが同じなら、
コストは低いほうがいい。
小学生にだってわかるね。

★まとめ★

知っておくと得すること

◎リスクとは、値動きの幅のこと

◎期待リターンは、長期間保有した場合に、期待できそうな見返りのこと

◎リスクとリターンはだいたい比例するようになっているよ

◎分散投資をすると「リスクが下がる」という良いことが起こるよ

◎コストを背負ってもいいことは何もないよ

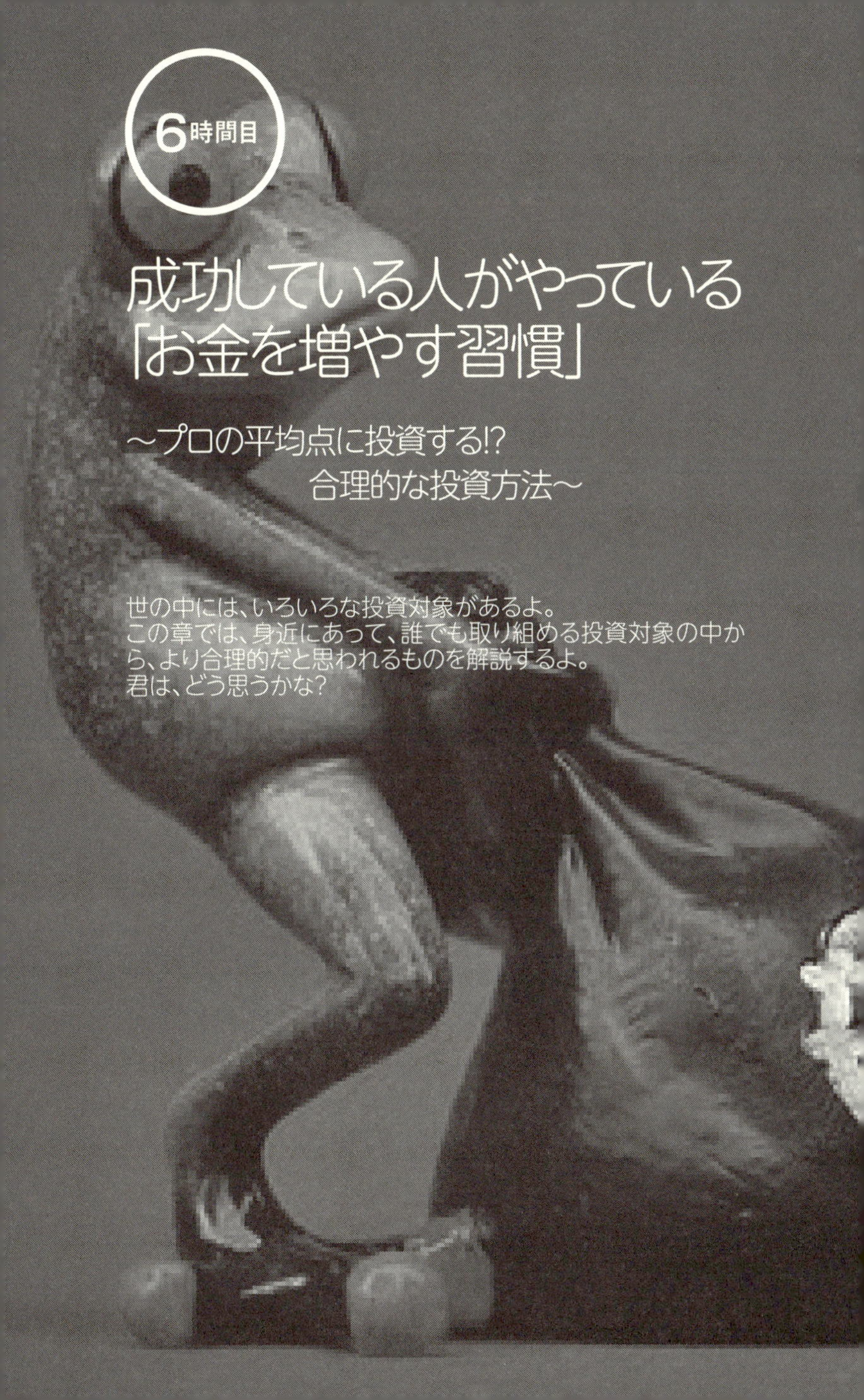

6時間目

成功している人がやっている「お金を増やす習慣」

～プロの平均点に投資する!? 合理的な投資方法～

世の中には、いろいろな投資対象があるよ。

この章では、身近にあって、誰でも取り組める投資対象の中から、より合理的だと思われるものを解説するよ。

君は、どう思うかな?

Qぼくの買った株が大きく値下がりしないかな？

50

株を買ったら必ず値下がりする、だからこそ慌てないでよい

長期分散投資で大切なのは、株式投資だよ。

それは、株式が成長に参加している資産だったからだね。

そして、株式のお値段を株価っていうよ。

この株価は毎日変わるんだけど、長期的には、景気によって変わるんだ。

景気はね、長い時間をかけて良くなったり悪くなったりを繰り返すのが当たり前なんだ。

だから、株価も良くなったり、悪くなったりを繰り返すんだよ。

★株価が下がるのは、当たり前

株式投資をすると、株価が上がったり下がったりして、ハラハラドキドキするよ。もちろん、君が株を買ったときよりも値上がりしていればうれしいし、下がっていれば悲しい、とても単純なことだね。

でもじつは、株価というのは、数十年などの長い期間で見ると、上がったり下がったりを繰り返すのが当たり前なんだ。だから株価の上下で一喜一憂《いっきいちゆう》するのは、ちょっとのめり込みすぎだと思うよ。

でも、どうして株価は上下を繰り返すんだろう？　それは、株価が景気に関連しているからなんだ。景気というのは、世の中のお金の動きのことだよ。世の中の景気も、良くなったり悪くなったりするのが当たり前なんだね。

景気が良くなるとね、モノがたくさん売れるよね。すると、そのモノを作っている会社の株価も上がるんだ。反対に、景気が悪くなると、今度は株価も下がるんだ。

でも、それは景気がグルグル回るから、当たり前のことなんだ。あわてすぎるのは危険だよ。

景気はぐるぐる回る

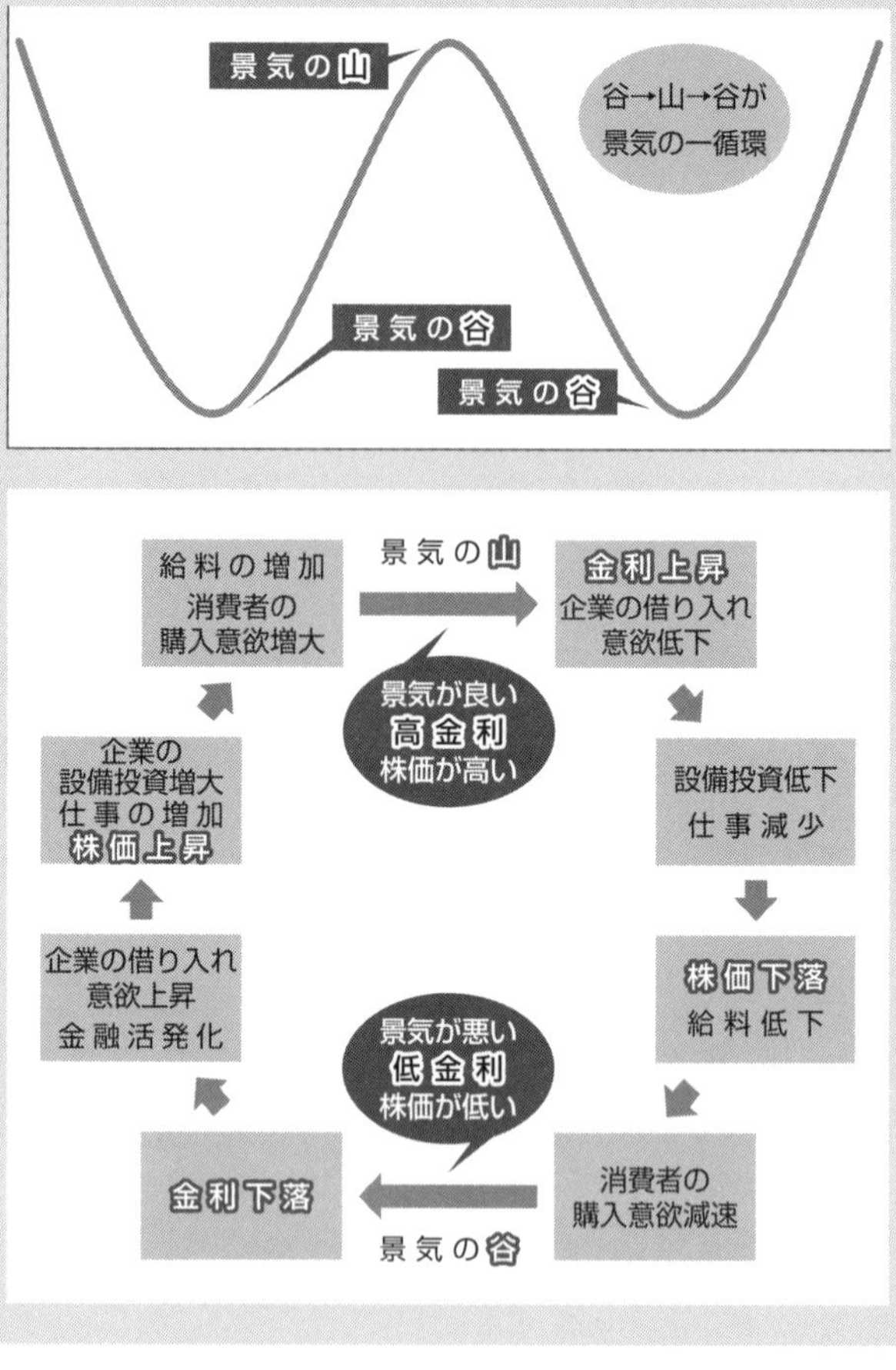
景気の山
谷→山→谷が
景気の一循環
景気の谷
景気の谷
給料の増加
消費者の
購入意欲増大
景気の山
金利上昇
企業の借り入れ
意欲低下
景気が良い
高金利
株価が高い
企業の
設備投資増大
仕事の増加
株価上昇
設備投資低下
仕事減少
企業の借り入れ
意欲上昇
金融活発化
株価下落
給料低下
景気が悪い
低金利
株価が低い
金利下落
消費者の
購入意欲減速
景気の谷

昔から「卵は一つのカゴに盛るな！」
って言うよね。
だから、一つの株に集中させないこと。

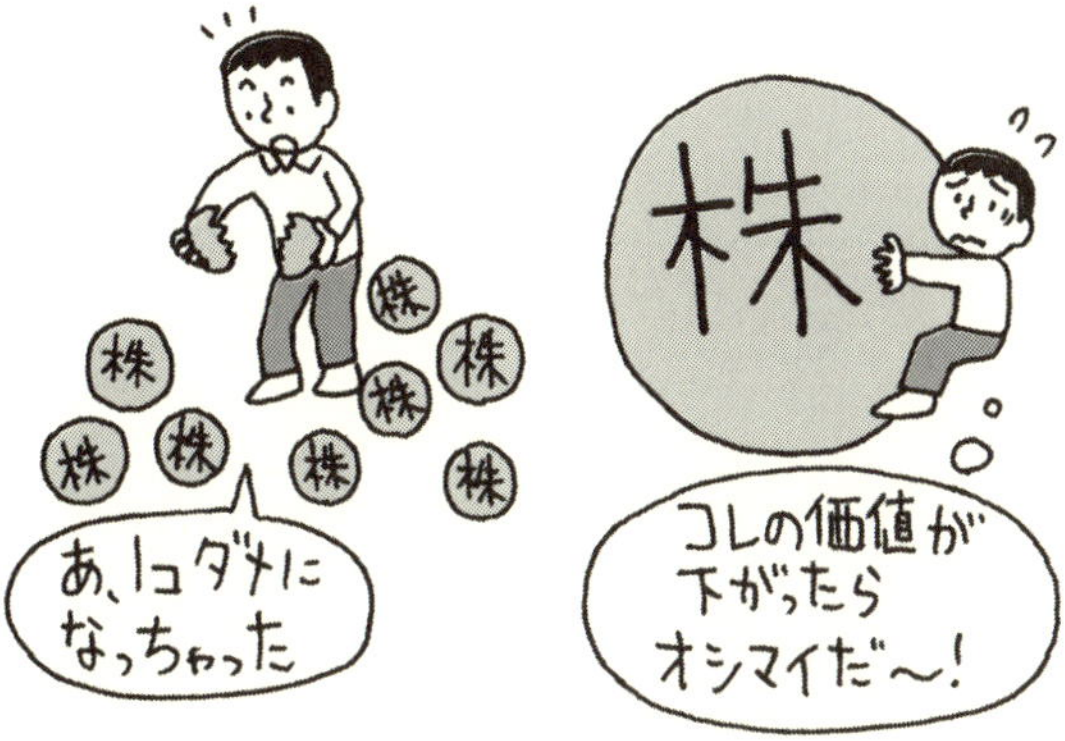

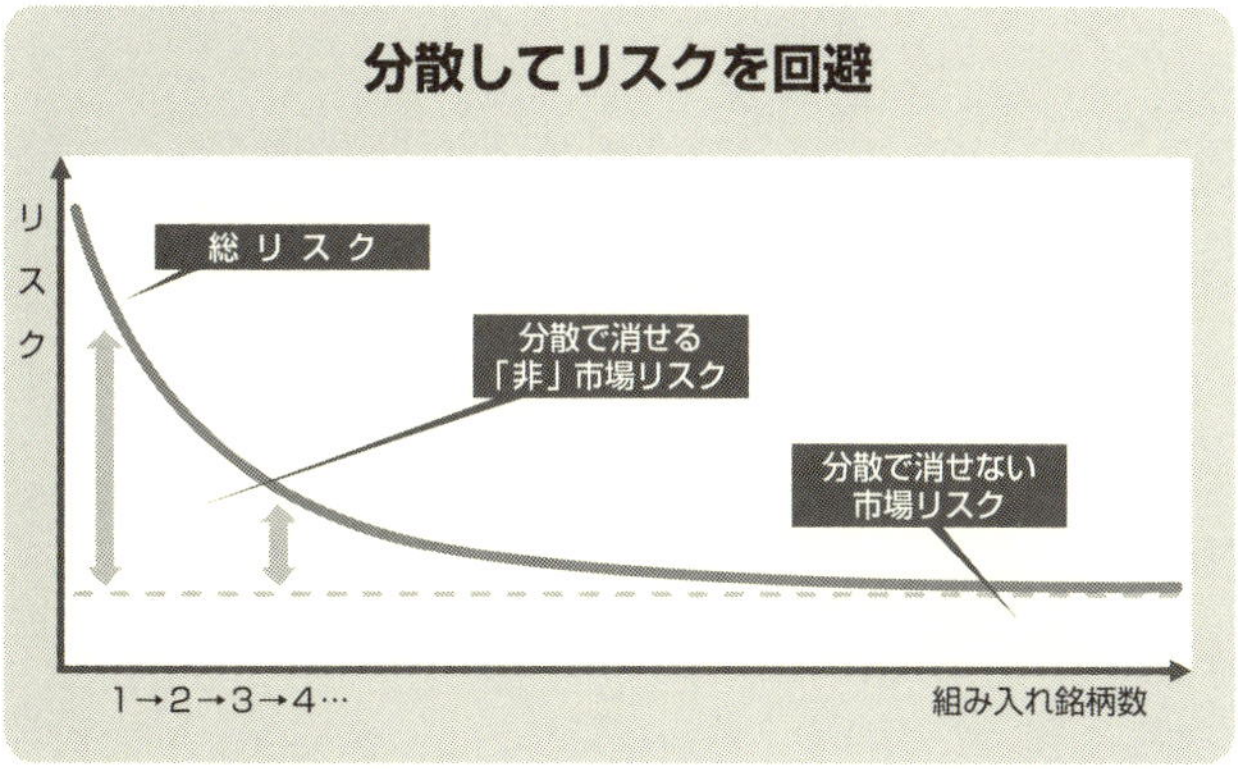

51

金融危機とは、安く買えるチャンス

資産形成には株式が大切なんだ。
でも、景気が悪いときには、投資先の株式会社がつぶれてしまう可能性もあるよ。
そうすると、最悪の場合、君のお金がゼロになってしまう。
とても怖いよね。
どうしたらいいかな？
答えはカンタン、投資先をたくさん分けてしまえばいいんだ。
投資先を、一つより二つ、二つより三つ、と多くすることが大切だよ。

★株式市場全体に分散すると、「安いときに買える」

お金を増やすには「安いときに買う」のが当たり前なんだけど、個別の株式では、その会社が倒産してしまう可能性があるよね。

だから、個別の株式投資では、安いときに「買いたいけど怖いから買えない」というジレンマにさいなまれるんだ。

ではどうしたらいいのかな？　そこで登場するのが「分散」という考え方だよ。

もし君が、1社の株式だけを持っていたら、分散できていないのでとても怖いよね。でも、君が日本中の会社の株式、およそ2000社にお金を分散して投資していたら、どうかな？

ものすごく景気が悪くなったら、何社かは倒産するかもしれないけれど、2000社すべてが倒産するということは、たぶん起こらないよね。

だから、もし君が分散投資をしていたら、「株価が安いときに買う」ということが当たり前にできるよね。分散することで、20年以上とかの長い期間でも、投資を続けやすくなるよ。

52

世界中の数千の株を、数百円で買おう

例えば君が2000の会社に分散投資をしようとすると、お金はいくら必要かな？

もし、1社が10万円だとすると、全部で2億円かかってしまうね。

こんな大きなお金、普通の人には用意できないよね。

でも、世の中には、そんなふうに分散してある状態に1万円などの小さなお金でも投資できる仕組みがあるんだ。

それは、投資信託《とうししんたく》って呼ばれているよ。

★初心者でもすぐにスゴイ分散投資ができる

投資信託という金融商品があるよ。これは大きな袋みたいなものなんだ。その袋の中には、たくさんの金融商品を入れることができる。もちろん株式もたくさん入れることができるよ。

だから、日本の会社の株式が２０００くらい入ったものも売っているよ。さらに、株式以外にも、債券や金（ゴールド）も入れられるし、世界中の国の株式や債券も入れることができるんだ。それらは君の身近なところで売っているよ。

そして、便利なのは、それをボクたちは1万円程度から買うことができる、ということなんだ。最近では、１００円程度から買うことができるところもあるよ。

つまりね、いろいろな投資信託を買うことで、世界の40か国以上の株式や債券に分散投資をして、数千の銘柄を保有することが君にもできる、ということなんだよ。

この投資信託を上手に運用できれば、世界中で君のお金を働かせて、長期間で大きくすることもできるかもしれないよ。とても便利だから、公的な投資制度にも使われているよ。

Q 運用するのが不安、プロに任せていい？

53

お金の専門家に、自分のお金を任せない

自分のお金を増やすのって、なんだか難しそうな気がするよね。

そんなときは、ついついお金の専門家に任せたい気持ちが出てくることがあるよ。

でも、残念ながらお金の専門家に君のお金の増やし方を任せるのは間違いなんだ。

それは、利用料金の分、君が確実に損をするからだよ。

この広い世界で君のお金の心配をしてくれるのは、君だけだということを、忘れないでね。

★節税効果のある iDeCo や NISA 枠から使うのが合理的

資産運用を考えたときに、多くの大人は「自分で上手にできるかな?」と心配になるよ。そんなときに考えるのが「お金のプロに任せれば、自分より上手に増やしてくれるのでは」ということなんだ。普通の人こそ、そう思うんだ。

でも、これはじつはうまくいかないんだ。なぜだと思う?

それは、プロに任せたときは「利用料金（コスト）」を支払わないといけないからなんだ。そして、これがけっこう高い。

多くの人は「利用料金を支払えば、その分だけ上手にお金を増やしてくれる」と思っているかもしれない。でもこれを覚えておいてほしい。

◉合理的に分散投資した場合は、プロの能力は影響しない

◉コストを支払うと、その分だけ、実質的な運用成果が下がる

プロは、ボランティア活動ではないので、利用者からお金をたくさんもらわないと生活ができないんだ。だから、任せっぱなしにしていると、たくさんのお金を君が失うことになるんだ。つまり、プロに任せずに、自分でやったほうが良いんだよ。

Q　でも、スゴいプロに任せれば、コストが高くてもいいでしょ？

54

お金のプロはスゴイ。だからこそ、任せる必要は「ない」

もちろん専門家の能力はスゴイよ。

いろいろな方法で良い株式の銘柄などを見つけ出そうと、いつもがんばっているんだね。

でも、だからこそプロに任せないでいいんだ。

不思議だね？　なんでかな？

じつは、がんばっているプロは世界中にたくさんいるんだよ。だからこそ、プロに任せても差が出にくいんだ。

だから、プロの平均点そのものをマネするだけでいいよ。

★ファンダメンタル分析はその手のプロに任せておく

お金のプロがやっている分析の方法をファンダメンタル分析っていうよ。これはね、会社の成績表のようなものなどを見ながら「これが良い・悪い。もっと買おう・売ろう」などと判断する方法だよ。適正な株価を予測しようとしているんだね。

つまり、世界中の株式市場などには賢いプロがたくさんいて、いつも適正価格になるように調整しているんだ。

君は「じゃあ、やっぱりコストを払ってもプロに任せればいいじゃない」って思うかもしれないね。

でも、プロがすごいからこそ、高いお金を支払ってまで任せないでいいんだ。

例えば君のクラスに天才君ばかりいたら、テストの平均点が高くなって、天才君は平均点を超えられなくなってしまうよね。

これは、お金の世界でも同じことなんだ。プロがすごいから、平均がすごくなってしまう。だから、プロに高いコストを支払って任せるよりも、安いコストで平均そのものを持ったほうがお得なんだ。それは「市場平均」って呼ばれるよ

「分析」はその道のプロに任せて、
そのデータを拝借しよう。

プロの知恵を上手に活用する

1	仮にプロのファンダメンタル分析が素晴らしい場合、 およそ、市場の株価は適正価格であり、 どれを選んでも追加的なリターンがない（＝市場平均）
2	市場参加者（プロ・機関投資家）は自分のことを 「おりこうさん」だというのだから、割安な株式や、 資本効率の良い企業、有利な情報をあらかじめ早い段階から 株価に織り込んでいるはず（＝市場平均）
3	つまり、一般に公表された情報に基づいても、 投資家は平均以上のリターンを得ることはできない
4	すなわち、ファンダメンタル分析が有効ならば、 皮肉なことに、ファンダメンタル分析は通用しない

こっちのプロが割安な株を探して「買う」
あっちのプロが割高な株を探して「売る」
市場の平均が効率的になる

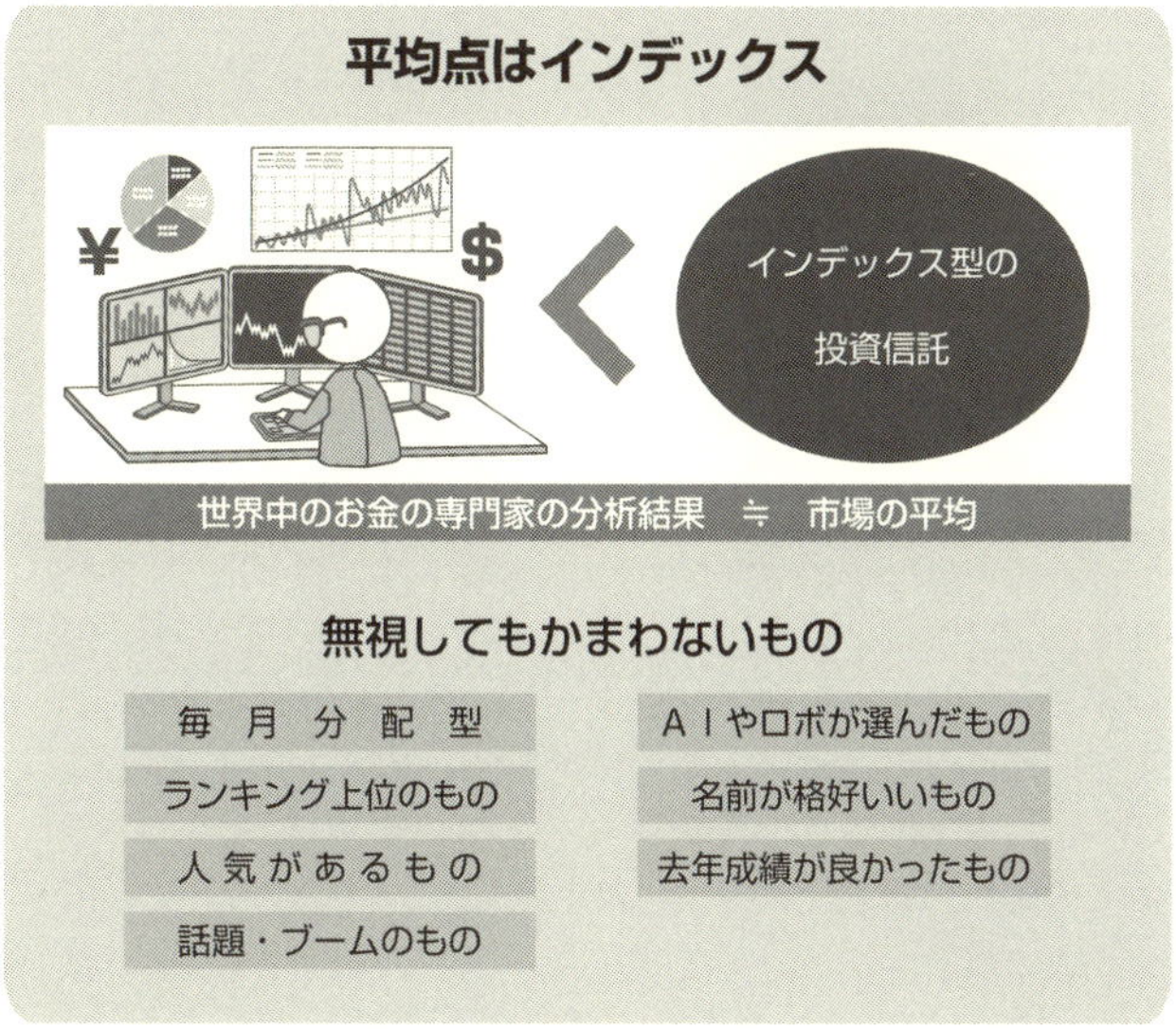
平均点はインデックス
¥
$
インデックス型の
投資信託
世界中のお金の専門家の分析結果 ≒ 市場の平均
無視してもかまわないもの
毎 月 分 配 型
ランキング上位のもの
人 気 が あ る も の
話題・ブームのもの
A I やロボが選んだもの
名前が格好いいもの
去年成績が良かったもの

55

世界中の「お金のプロ」を従える「王様」になればいい

プロがすごいからこそ、プロの平均に投資をするといいよ。

しかも、コストも安いんだ。

この平均が投資信託になっているものを、インデックス型の投資信託っていうよ。

投資をするときは、この中から選ぶようにしようね。

そうするだけで、成績が良くて、コストが安いものに投資をすることができるんだ。

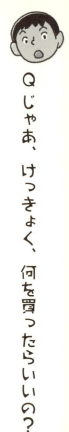

★平均はインデックス

君が投資信託を選ぶときには、次の条件を満たすことが大切だよ。

◉信託報酬と呼ばれるコストが0・3％以下
◉売買手数料は無料の中から選ぶ
◉投資信託の中身は株式主体
◉投資信託はインデックス型の中から選ぶ
◉長期間持つ（頻繁に売買しない）
◉利益が出たら、自動的に再投資をしてくれる、またはする

インデックスというのは、株式市場のいわば平均だよ。平均というと「つまらない」印象を受けるかもしれないけれど、そんなことはないよ。世界中のお金のプロが知恵を絞った状態、それが市場平均（インデックス）なんだ。

だから、高いコストを支払って、良さそうなものを買うよりも、安いコストで平均を買うほうが、お金を増やすのには良いと言われているよ。

とても大切なことだから、覚えておいてね。

56

スゴイものがあればあるほど、やっぱりインデックス型がよくなる

Q インデックス型以外にも魅力的な投資信託ないですか？

次のような投資信託は、君がどうしても欲しいなら仕方がないけれど、そうでないなら別に買わなくてもいいよ。

◉毎月利益がもらえるもの
◉去年成績が良かったもの
◉とても賢いロボットやＡＩが運用するもの
◉その他の魅力的なもの

大切なのは、平均のほうだっていうことを忘れないでね。

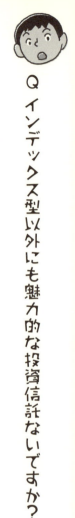

★インデックス型以外は、無視していい

インデックス型以外の種類もあるよ。でも、それらは無視して構わないよ。なぜだろう？　一例を見てみようね。

「毎月分配型」というもの。これは、毎月お金がもらえるタイプの投資信託だよ。でも、君が働いている間は、お給料がもらえるから、お金を受け取るのは損だよ。君が老人になるまでの間は、利益を再投資しないとお金が増えにくかったよね。

「去年成績が良かった」もの。投資では、過去のことはあてにならなかったよね。だから、過去の成績が良かったものを買っても、うまくいくとは限らない。それなら平均のほうがいいよね。

「ロボットやAIが運用する」もの。なんだかすごそうだね。でも、彼らがすごければ、それはやっぱり平均が良くなる、ということだから、コストの安い平均のほうがいいよ。

「その他の魅力的な内容」のもの。金融商品を製造・販売・管理する人たちはボランティアではないから、売り手が儲かりやすくなっているよ。だから「魅力的に見える」ものは無視するだけでいいよ。そうすれば、少なくとも損はしないよ。

★まとめ★

知っておくと得すること

◎景気と株価などは関連性があるよ

◎景気はグルグル回るから、安くなってもあわてないでね

◎プロに任せると、コストが高くて損しやすいよ

◎プロはスゴイからこそ、任せないでいいよ

◎投資対象はインデックス型の投資信託から選ぼう

◎その他の投資信託はできるだけ避けよう

おわりに　～君の未来は君がつくる

この本を終わりまで読んでくれて、ありがとう。

とちゅうで難しいお話もあったかもしれないね。

でも、お金のことを知っておくのはとっても大切なことだと思うんだ。

なぜなら、お金はたくさんあってもジャマにならないし、君の人生を豊かにしてくれるからね。

ぜひステキな未来を手に入れてね。


本の中でふれたけど、お金のことは、損なことや間違い・勘違《かんちが》いがあるのが普通だよ。

そして、少し難しいけれど、大人になると自分で自分のお金を用意しないといけないんだ。


でも、いきなり大きなお金で行うのは、怖いよね。だから最初は、小さなお金で始めるといいよ。

意外かもしれないけれど、大人でもお金のことはあんまり知らないんだ。知っていても、たぶん、君と同じくらい。ひょっとしたら、この本を読んだ君の方が少し詳しいかもしれない。

でも、油断は禁物。もっともっと勉強してほしい。知識もお金も、たくさんあった方が人生楽しくなると思うから。

そして、お金の知識を持った、君のような若い人がたくさん増えると、社会が少し明るくなると思っているよ。

君はどう思うかな？

最後まで読んでくれて、本当にありがとう。


1級ファイナンシャルプランニング技能士　佐々木裕平

【本書に関する注意事項】

・本書内での数値や各制度の内容は、執筆時点の内容です。今後、変更になる可能性があります。最新の情報をご確認ください。

・また、本書では各種指数等に触れていますが、具体的な売買を推奨するものではありません。また投資助言を意図したものでもありません。金融商品の選択決定などはご自分で判断してください。投資は自己責任です。本書に掲げた情報を利用されたことによって生じた、いかなる損害につきましても著者および出版元はその責任を負いません。

・本書掲載のデータなどは、参考データを提供する目的で作成したものです。数値などは、過去のデータなどを示したものであり、将来の値動きなどを保証するものではありません。

・本書に示された意見などは、作成日現在の見解であり、予告なしに変更される場合があります。

・本書の内容は、信頼できる情報に基づき作成していますが、出版元および著者は、その正確性、安全性に責任を負うものではありません。

・本書は情報提供を目的としており、本書により何らかの行動を勧誘するものではありません。本書に記載された内容・意見・予測などは特定の金融商品の売買を勧誘するものではありません。

佐々木裕平（ささき・ゆうへい）
金融教育研究所 代表
資産運用に特化したFP事務所を運営。個別相談・投資セミナーを行う。
「金融商品・保険商品を売らない」をモットーに、中立・公正な立場から活動中。1級ファイナンシャルプランニング技能士。
所属学会・協会：行動経済学会／一般社団法人　金融財政事情研究会FP技能士センター／特定非営利活動法人（NPO法人）日本ファイナンシャル・プランナーズ協会。
著書に『入門 お金持ち生活の作り方』など、投資関連の書籍多数。

学校《がっこう》では教《おし》えない！　お金《かね》を増《ふ》やす授業《じゅぎょう》

2019年3月12日　初版発行

著者　佐々木裕平
発行者　常塚嘉明
発行所　株式会社 ぱる出版

〒160-0011　東京都新宿区若葉1-9-16
03(3353)2835―代表　03(3353)2826―FAX
03(3353)3679―編集
振替　東京 00100-3-131586
印刷・製本　中央精版印刷(株)

ISBN978-4-8272-1170-2 C0033